［過去問］

2024
桐朋学園小学校
入試問題集

JN084614

Shinga-kai

過去15年間の入試問題分析
出題傾向とその対策

2023年傾向

2021年度より、考査は1日で行われています。5色のブロックを条件に合うように並べるといった思考力が試される課題や、生花用吸水スポンジとさまざまな材料を使いテーマに沿ったものを表現するという発想力・工夫力を見られる課題が出題されました。行動観察では大きなソフト積み木やコーンを使った村作り、風船運びゲームを通して、お友達と仲よく協力できるか、約束を守って最後までしっかり課題を行えるかを見られました。

傾　向

考査は生年月日順に受験番号が決められ、2020年度までは4日間のうち2日間が指定されていました。2日間での考査内容は、1日目は制作や、具体物を使用した思考力、構成、巧緻性などの課題を行う集団テスト、2日目は行動観察を主体とした集団テストで、近年の所要時間はいずれも1時間〜1時間30分です。2021年度以降は1日で、それまでと同様に思考力や工夫力を問われる課題と行動観察が、集団テストとして行われています。保護者や子どもの面接はありませんが、これは集団テストで子どもの活動を総合的に見て、親の育児姿勢や家庭教育なども含め、すべてを判断するという意味合いであるといえます。制作はほぼ毎年出され、指示通りに作る課題や、与えられた素材を生かしてテーマに沿ったものを自由に作る課題などさまざまです。折る、切る、貼る、結ぶなど、示されたお手本と同じように作るときの指示の聞き方や、手先の巧緻性を見る要素が含まれています。さらに、指示通りに作ったものに自分の好きなように工夫を加えて最終的に完成させるという創造力の課題もあります。作品完成後の片づけの様子なども総合的に見て評価、判断されているといえるでしょう。また、制作して終了ということではなく、完成させたものを使い、集団テストとしてごっこ遊びなどを行った年もあります。板に立てられた棒にひもをかけたり、玉やビーズを通していくといった課題、カードや積み木などを操作する課題も出題され、お手本を細かく観察する力や思考力、工夫力、最後まであきらめずに取り組む粘り強さなども見られています。行動観察では、最近では複数の指示を正しく理解し、ルールを守って楽しく遊ぶことが

できるかどうかという中で、社会性や協調性、また、個々の集中力や生活力を見ることに重きを置いているようです。チームに分かれ、ルールを守って競争し、勝ち負けが決まるようなゲームを行う場合もあります。グループに分かれてのゲームやごっこ遊びなどを通して、お友達とのかかわり方や相談の様子、参加意欲や態度、ルールや指示に対する理解度などが見られています。なお、桐朋学園小学校では出題内容が大幅に変わることもありますが、どのような課題であっても子ども主体の考査をするという観点は変わらない学校であることをよく認識しておきましょう。

対 策

入試対策としては、全体として注意深く行うこと、制作や巧緻性の課題に対応できる力をつけることを考えましょう。まず、指示を聞き取ったり、お手本をしっかりと見てどのように作っていくのかを理解する力が必要です。さらに、手先を使った細かな作業もあきらめずにやり抜く意欲が大切です。また、制作では個性や独創性を十分に発揮することも必要です。さまざまな条件や指示のもとに完成させていきますが、指示通りに正確に仕上げていくだけではなく、制作の最終段階として自分の好きなものに仕上げるよう求められることもありますので、そこに「自分らしさ」を表現する必要があります。制作や巧緻性の課題は毎年のように出されていますが、内容はもちろん、所要時間を考えても難問であることは間違いありません。日ごろから工作を楽しみ、またお手伝いを通して、切る、折る、つまむ、たたむなどのほかに、ひもを通して結んだり、輪ゴムをかけたりすることなどもきちんとできるようにしておきましょう。ただし手先が器用であればよいということではなく、はさみやのりなどの道具の扱いや机上の整理整頓、作業する要領、そして効率よく進めていく力も必要になってきます。どのようにしたら時間内に完成できるかなど、時間配分や手順を意識して取り組むようにしましょう。お手伝いでも制限時間内に集中して手早く行う習慣をつけておくとよいですね。また、具体物を使っての観察力や思考力を問う課題がよく出されていますので、ものをよく見てよく考えるという姿勢をしっかりと身につけておくことが大切です。積み木や折り紙、パズルなどを実際に使用し、自分で操作して考える力を伸ばしていきましょう。行動観察のごっこ遊びでは、子どもの普段の様子や自然な姿が表れます。こうした子どもの姿には親の考え方や子育ての姿勢が反映されているともいえます。日ごろから社会性や協調性が身につくように、お友達や家族のような身近な人々とつき合うだけでなく、知らない同世代の子どもが集まる場所にできる限り親子一緒に参加して、「出会い」や「ふれ合い」の機会をたくさん作り、みんなで活動することの楽しさや他者への思いやりの気持ちなども育んでいきましょう。桐朋学園小学校の試験は、遊びの延長としての活動が多くとても楽しいのですが、夢中になるあまり大事な指示をうっかり忘れ、本来の目的から大きく逸脱してしまうこともありますので、目標をとらえてしっかり行動できる強い心も育成していくようにしましょう。

年度別入試問題分析表

【桐朋学園小学校】

	2023	2022	2021	2020	2019	2018	2017	2016	2015	2014
ペーパーテスト										
話										
数量										
観察力										
言語										
推理・思考										
構成力										
記憶										
常識										
位置・置換										
模写										
巧緻性										
絵画・表現										
系列完成										
個別テスト										
話										
数量										
観察力										
言語										
推理・思考										
構成力										
記憶										
常識										
位置・置換										
巧緻性										
絵画・表現										
系列完成										
制作										
行動観察										
集団テスト										
構成力						○	○	○		○
観察力	○	○	○	○	○					
言語										
思考力	○	○	○	○		○	○	○	○	○
巧緻性					○				○	
絵画・表現		○								
制作	○		○	○	○	○	○	○	○	○
行動観察	○	○	○	○	○	○	○	○	○	○
課題・自由遊び									○	
運動・ゲーム	○	○	○	○	○	○	○	○		○
生活習慣										
注意力				○	○			○		
運動テスト										
基礎運動										
指示行動										
模倣体操										
リズム運動										
ボール運動										
跳躍運動										
バランス運動										
連続運動										
面接										
親子面接										
保護者(両親)面接										
本人面接										

※この表の入試データは10年分のみとなっています。　　　　　　　　　　※伸芽会教育研究所調査データ

小学校受験Check Sheet

お子さんの受験を控えて、何かと不安を抱える保護者も多いかと思います。受験対策はしっかりやっていても、すべてをクリアしているとは思えないのが実状ではないでしょうか。そこで、このチェックシートをご用意しました。１つずつチェックをしながら、受験に向かっていってください。

＊ペーパーテスト編

①お子さんは長い時間座っていることができますか。

②お子さんは長い話を根気よく聞くことができますか。

③お子さんはスムーズにプリントをめくったり、印をつけたりできますか。

④お子さんは机の上を散らかさずに作業ができますか。

＊個別テスト編

①お子さんは長時間立っていることができますか。

②お子さんはハキハキと大きい声で話せますか。

③お子さんは初対面の大人と話せますか。

④お子さんは自信を持ってテキパキと作業ができますか。

＊絵画、制作編

①お子さんは絵を描くのが好きですか。

②お家にお子さんの絵を飾っていますか。

③お子さんははさみやセロハンテープなどを使いこなせますか。

④お子さんはお家で空き箱や牛乳パックなどで制作をしたことがありますか。

＊行動観察編

①お子さんは初めて会ったお友達と話せますか。

②お子さんは集団の中でほかの子とかかわって遊べますか。

③お子さんは何もおもちゃがない状況で遊べますか。

④お子さんは順番を守れますか。

＊運動テスト編

①お子さんは運動をするときに意欲的ですか。

②お子さんは長い距離を歩いたことがありますか。

③お子さんはリズム感がありますか。

④お子さんはボール遊びが好きですか。

＊面接対策・子ども編

①お子さんは、ある程度の時間、きちんと座っていられますか。

②お子さんは返事が素直にできますか。

③お子さんはお父さま、お母さまと３人で行動することに慣れていますか。

④お子さんは単語でなく、文で話せますか。

＊面接対策・保護者（両親）編

①最近、ご家族での楽しい思い出がありますか。

②ご両親の教育方針は一致していますか。

③お父さまは、お子さんのお家での生活や幼稚園・保育園での生活をどれくらいご存じですか。

④最近タイムリーな話題、または昨今の子どもを取り巻く環境についてご両親で話をしていますか。

2023 桐朋学園小学校入試問題

section

■ 選抜方法

考査は1日で、生年月日により指定された日時に集合し、15～18人単位で集団テストを行う。所要時間は約1時間30分。

┃ 集団テスト ┃

1 観察力・思考力

机の上に、5×5のマス目のところどころに5色のフラワーブロックが置かれた写真が表裏に印刷された台紙、3色のフラワーブロック各1個が用意されている。グループによって、台紙のフラワーブロックの配置や用意されるフラワーブロックの色が異なる。

・台紙（表）のマス目の空いているところにブロックを置いて、5個のブロックが縦、横、斜めに真っすぐ並ぶ列を作ります。1列に並んだ5個のブロックが全部違う色になった列を、「ルンルン」と呼びます（マス目にブロックを置いて「ルンルン」がどのような状態か説明される）。なるべくたくさん「ルンルン」ができるように工夫して、3つのブロックを台紙のマス目に置きましょう。

もう1色のフラワーブロック1個が配られる。
・置いたブロックを元に戻して、台紙を裏返してください。なるべくたくさん「ルンルン」ができるように、4つのブロックを台紙のマス目に置きましょう。

2 観察力・思考力

机の上に、フラワーブロックをいくつか組み合わせた形の影が表裏に描かれた台紙（棒のように見えるところはフラワーブロックを縦に組み合わせた状態）、フラワーブロック9個（白1個、白以外の1色が8個）が用意されている。グループによって、台紙に描かれた影の形や用意されるフラワーブロックの色が異なる。フラワーブロックを組み合わせるときは必ず切り込み同士をはめ込むよう、テスターが実際に示しながら説明する。ブロックを落としたときには手を挙げるよう指示される。

・白いブロック1個とほかの色のブロック3個を組み合わせて、その影が台紙（表）に描いてある影と同じになるようにしましょう。白いブロックは、影がお花のように見えているところに使ってください。
※正しく完成したか確認される。

・台紙を裏返してください。今作った形は崩さずにこのまま使います。周りに残りのブロックを組み合わせて、その影が台紙に描いてある影と同じになるようにしましょう。

③ 制作・発想力

※グループによって制作するテーマ、スポンジの形、材料の色が異なる。

机に生花用吸水スポンジ(三角、円柱、球体のうちどれか1つ)、セロハンテープ(台つき)、はさみが置いてある。教室の後ろにモール(3色)、S字フック(2色)、太いストロー(3色)、細くて曲がるストロー(3色)、お花紙(3色)が置いてある。

・机の上のスポンジと後ろの材料を使って、海にいるものか海にあるもの(山または空にいるものかあるもの、回るものか動くもの、飛ぶもの、走るものなど)を作りましょう。スポンジを切ってはいけませんが、ほかの材料は切って使ってもよいですよ。スポンジにはモールやストローやフックを刺してつけることができます(テスターが実際に刺してつけて見せる)。後ろの材料は、使う分だけ持ってきましょう。ゴミは机の横にあるゴミ入れに入れてください。

🪣 行動観察(風船つき)

ゴム風船が1人に1つずつ配られる。

・これからたくさんエネルギーを溜めたいと思います。風船を手で上に向けてつくと、エネルギーが溜まります。やってみましょう。

3、4人のチームごとにゴム風船1つと大きな正方形のネットが1枚配られる。

・手でつくよりもネットを使ってつく方が、たくさんエネルギーが溜まります。今度はみんなでネットを持って風船を載せ、風船つきをしてみましょう。風船が床に落ちてしまったときは、手で拾ってやり直してください。

④ 行動観察(村作り)

3〜5人のチームに分かれて行う。教室の床の白い枠の中に村を作るための紫の枠が示してある。教室の隅にはさまざまな形の大きなソフト積み木、コーンが置いてある。

・ニコニコ山には人が住んでいますが、村がなくて困っています。チームで力を合わせて村を作ってあげましょう。

〈約束〉

・チームごとに指定された紫の枠の中に作る。
・縦に置いたとき一番背の高い積み木よりも高くなるものは作ってはいけない。

5 行動観察（風船運びゲーム）

全員で行う。教室の隅に風船を入れる袋や、丸、三角、四角のネットが入ったカゴ、風船がたくさん入ったビニールプール、テニスラケットが用意されている。

・お友達と力を合わせて、風船を運んでエネルギーを溜めましょう。いろいろな形のネットに風船を載せてお友達と一緒に運び、向こうの袋に入れます。1回入れたら、今度は違うお友達と運べるとよいですね。

〈約束〉

・三角のネットは3人で、四角のネットは4人で使う。丸いネットは何人でも使える。

・風船をネットに載せるときには、誰か1人がテニスラケットで載せる。

・みんなで作った村を壊さないようにする。

・風船を取るときと入れるとき以外は白い線の外へ出てはいけない。紫の枠の中には入らない。

・風船が床に落ちたときは、手で拾わずにネットですくう（やり方をテスターが示す）。

・テスターが「終わり」と言うまで、くり返し運ぶ。

・「終わり」と言われたら、ソフト積み木、コーン、たたんだネットを元の場所に片づける。

1

〈台紙例〉表

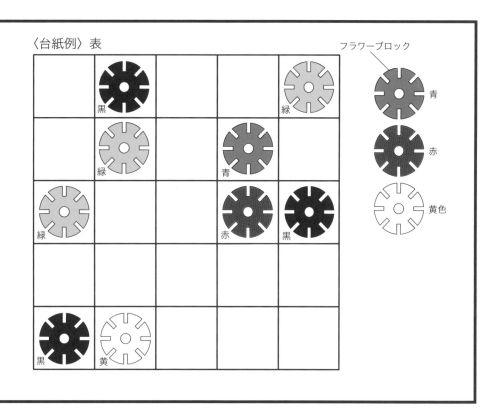

〈台紙例〉裏

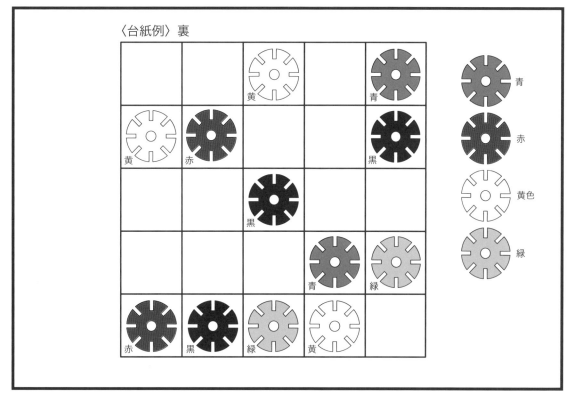

2

〈台紙例〉表　　　　　　　〈台紙例〉裏

【台紙例表の解答例】

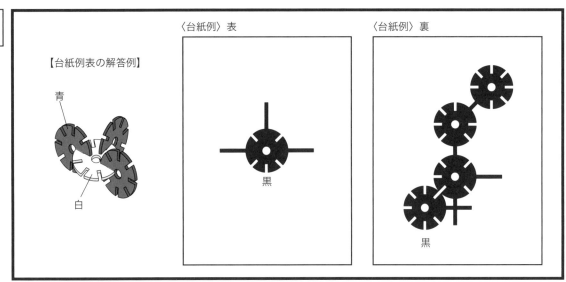

青

白

黒

黒

3　〈セッティング例〉

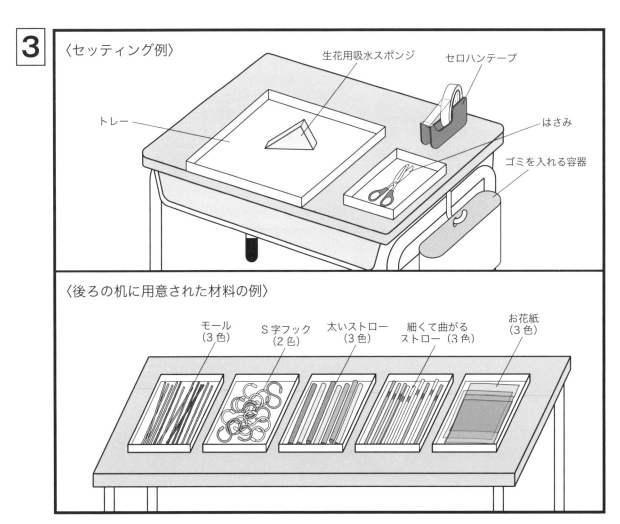

生花用吸水スポンジ

セロハンテープ

トレー

はさみ

ゴミを入れる容器

〈後ろの机に用意された材料の例〉

モール
（3色）

S字フック
（2色）

太いストロー
（3色）

細くて曲がる
ストロー（3色）

お花紙
（3色）

4

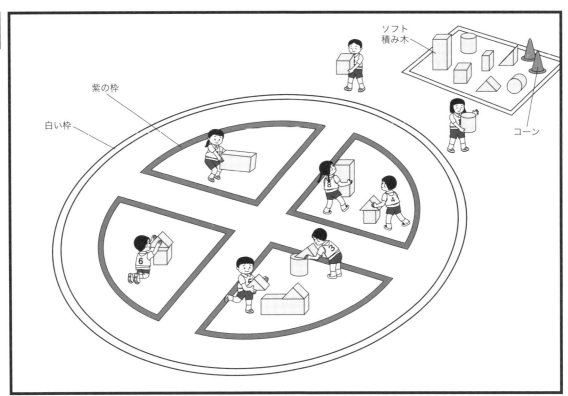

ソフト
積み木

紫の枠

白い枠

コーン

5

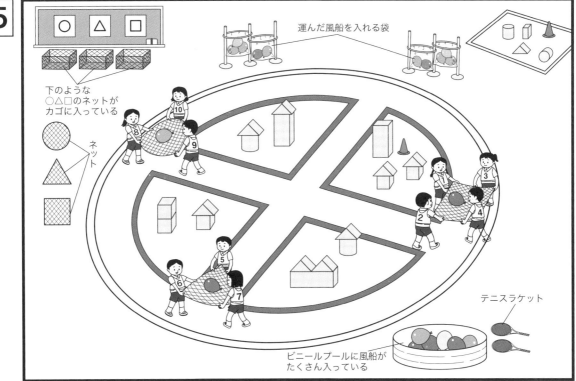

運んだ風船を入れる袋

下のような
○△□のネットが
カゴに入っている

ネット

ビニールプールに風船が
たくさん入っている

テニスラケット

2022 桐朋学園小学校入試問題

■ 選抜方法

考査は１日で、生年月日により指定された日時に集合し、約18人単位で集団テストを行う。所要時間は約１時間30分。

■ 集団テスト

1 観察力・思考力

机の上に、形の違う４色（黄色、ピンク、緑、水色）のパズル、穴が４ヵ所に開いた銀色の円形の紙、パズルをはめる台紙（厚い紙が円形に抜かれた枠になっている）、お手本が用意されている。銀色の紙の穴の形は４ヵ所でそれぞれ異なり、星、音符、花、モミジ、イチョウ、葉っぱなどをかたどってある。穴の形４種類の組み合わせは日時により異なる。やり方の説明を聞き、練習をしてから行う。

・初めに、台紙の丸の中に一番大きい黄色のパズルを置きましょう。次にピンクを、黄色の足りないところが隠れて丸い形になるように置きましょう。その上から、星が黄色になるように銀色の紙を載せると、星とお花が黄色で音符とモミジがピンクになりますね。このようにパズルを重ねて置いていき、最後に銀色の紙を載せると、星やお花などの形に色がつきます。では、お手本を見てください。４枚のパズルと銀色の紙を使って、お手本と同じになるように台紙にパズルを置きましょう。

テスターがホワイトボードにお約束（各形とその穴から見えてはいけない色のカード）を掲示しながら説明し、その内容に合わせてパズルと銀色の紙を重ねるよう指示する。
〈約束①〉を掲示する。

・３つの色が見えるように作りましょう。星とお花は緑にはしません。音符は緑とピンクにはしません。モミジは緑と水色と黄色にはしません。使わないパズルがあったら初めに置いてあった場所に戻しましょう。

〈約束②〉を掲示する。

・３つの色が見えるように作りましょう。星とお花はピンクにはしません。音符は黄色と緑にはしません。モミジはピンクと水色と緑にはしません。使わないパズルがあったら初めに置いてあった場所に戻しましょう。

〈約束③〉を掲示する。

・４つの色が見えるように作りましょう。星とお花はそれぞれお手本とは違う色にします。音符は緑とピンクにはしません。モミジは緑とピンクと水色にはしません。

② 絵画・想像力

※日時によって表現するテーマ、使用するスタンプ台の色、スポンジの形が異なる。

机の上の大きな台紙に、スタンプ台３つ（赤、青、黄色、ピンク、オレンジ色、黄緑、茶色などのうち３色）とスタンプ用スポンジ３つ（しずく形、三角形、五角形などのうち１種類）が置いてある。

・台紙にかかれた大きい枠の中に、スポンジを使ってスタンプを押し、ユラユラ揺れるもの（クルクルしているもの、トゲトゲしたものなど）を描きましょう。スポンジはどの向きで使ってもよいですよ。向きを変えて押すとどのような形になるか試したいときは、点線の四角の中に試し押しをしましょう。

③ 行動観察（オニ退治）

学校に来たオニを追い払うという設定でゲームをする。オニを追い払うために必要なムーチー（紙コップや紙皿、プラスチック製カップなどいろいろな容器をつなぎ合わせたもの）と、ムーチーを入れるための箱が用意されている。各自にスポンジ製の剣が配られる。

・学校の花や木や草を食べてしまうオニがやって来ました。（オニの声の音声が流れる）オニを追い払うためには子どもたちの力が必要です。力を合わせてムーチーを箱に入れたら、きっとオニはいなくなります。ただし、ムーチーは手で触ってしまうと力が弱くなってしまうので、剣で運ぶしかありません。みんなでオニを追い払いましょう。

〈約束〉

・ムーチーが置かれたマットには上がらない。

・ムーチーに手で触ってはいけない。

・運ぶ途中でムーチーを床に落としてしまったら、剣を使って拾う。

・オニ退治①…いろいろな容器を２つつないで作られたムーチーと、それぞれのムーチーの写真が貼られた箱が用意されている。２人１組で両側から剣を使ってムーチーを運ぶ。同じムーチーの写真が貼られた箱に入れることができたら、次は違うお友達と２人組になってくり返し行う。

・オニ退治②…（①の途中で「まだまだ足りない！」とオニの声が流れる）大きなムーチー（いろいろな容器を３つ以上つないで作られたもの）と、ムーチーと同じいろいろな素材の容器の写真が貼られた箱が用意される。今度は３人以上で運び、素材が同じ容器の写真が貼られた箱にムーチーを入れる。

1

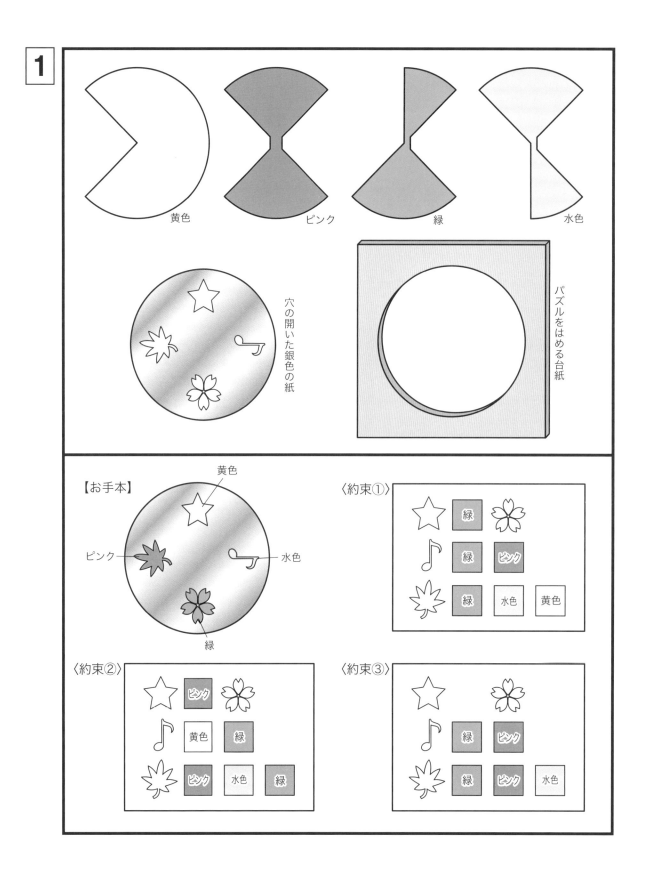

黄色　ピンク　緑　水色

穴の開いた銀色の紙

パズルをはめる台紙

【お手本】
黄色
ピンク
水色
緑

〈約束①〉

〈約束②〉

〈約束③〉

2

〈セッティングされた台紙〉

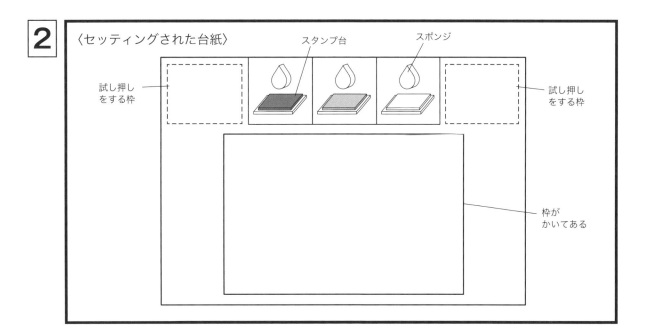

スタンプ台

スポンジ

試し押し
をする枠

試し押し
をする枠

枠が
かいてある

3

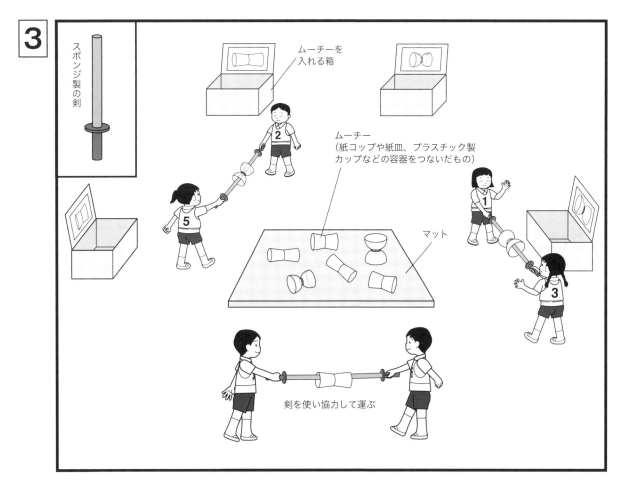

スポンジ製の剣

ムーチーを
入れる箱

ムーチー
(紙コップや紙皿、プラスチック製
カップなどの容器をつないだもの)

マット

剣を使い協力して運ぶ

section 2021 桐朋学園小学校入試問題

■ 選抜方法

考査は1日で、生年月日により指定された日時に集合し、10〜15人単位で集団テストを行う。所要時間は約1時間30分。

■ 集団テスト

1 観察力・思考力

机の上に長方形の付箋の束（黄色、黄緑、水色、ピンク）、はさみの入ったトレーが用意されている。

A
付箋をつなげて4種類の輪を作って並べ、真上から撮った写真がお手本として机の前に立ててある。

・ピンクの付箋1枚を使って輪を作りましょう。次に黄色の付箋2枚をつなげて、同じように輪を作りましょう。
・今作った輪も使って、お手本と同じものを作りましょう。

B
切り込みを入れた付箋を2枚つなげて作った輪、切り込みを入れずに3枚をつなげて作った輪、切り込みを入れた真っすぐな1枚の付箋のそれぞれを組み合わせて斜め上から撮った写真のお手本をテスターの指示で机の中から出す。写真の中には、切り込みの入れ方の見本もある。

・同じ色の付箋3枚をつなげて輪を作りましょう。
・先に作った輪とは別の色の付箋2枚に、お手本と同じように切り込みを入れてからつなげて輪を作りましょう。
・今作った輪も使い、お手本と同じものを作りましょう。ただし、同じ色の輪は隣り合わないように組み立ててください。

2 制 作

机の上に三角に切った白い画用紙と、正方形と長方形の付箋の束（黄色、黄緑、水色、ピンク）と、はさみが入ったトレーが用意されている。

・白い画用紙を1回だけ自由に折りましょう。折った画用紙と付箋を自由に使って、春と仲よしのものを作りましょう（日時により、走るもの、飛ぶもの、山と仲よしのもの、

海と仲よしのものなどテーマは異なる。テーマによって画用紙の形も丸や正方形などと異なる）。付箋ははさみで切ったり折ったりしてもよいですが、白い画用紙は切ってはいけません。ゴミは横の机にあるゴミ入れに入れてください。

3 行動観察（連続運動）

1人ずつ順番に山か川のコースを選択して冒険する。矢印のついたマットに並び、先頭の人から順にスタートする。スタートしたら走っていって正面のゲートをくぐり、青い丸のついた四角いマットの上に立つ。選んだコースを進み、終わったら列の後ろに並んで次の順番を待つ。テスターが「終わり」と言うまでくり返す。途中でコースが分かれているところは、自分で選んだ方へ進む。テスターが最初に各コースの進み方のお手本を見せる。

〈約束〉
・前の人がスタートして、山か川のコースに進んでから次の人がスタートする。
・コース内の①～④は、それぞれ前の人が終わるまで入らずに青い丸のついた四角いマットの上で待つ。

A
（山コース）
①跳び箱1段に上り飛び降りる、または階段状に並んだ跳び箱を2段上り飛び降りる。
②凸凹のある2本の平均台のうち、好きな方を渡る。
③動物の足あとが描かれた赤、青、黄色の丸いマットを並べた3つのコースから1つを選ぶ。赤はグー、青はパー、黄色はケンケンでそれぞれの色のマットを踏みながら進む。
④座ると音の鳴るいすに座り、音が鳴ったら列の後ろに並ぶ。

B
（川コース）
①並べてあるフープをケンパー・ケンケンパー・ケンケンケンパーで跳ぶ。
②低く張り巡らされたゴム段2コースのうち、好きな方をゴムに触らないようにまたいで進む。
③シートの上に等間隔で並べて置かれたホースを跳び越えて行く。
④大小のフープが2つずつ3列に立ててあるうちの、1列を選んでくぐり抜ける。
⑤座ると音の鳴るいすに座り、音が鳴ったら列の後ろに並ぶ。

1 – A B

〈セッティング例〉

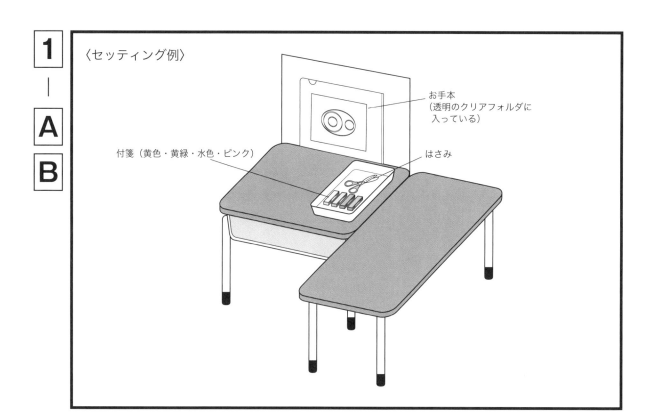

お手本
（透明のクリアフォルダに
入っている）

付箋（黄色・黄緑・水色・ピンク）

はさみ

A

【お手本】

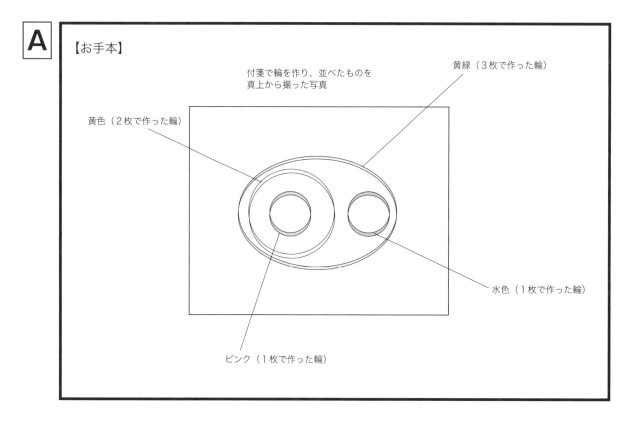

付箋で輪を作り、並べたものを
真上から撮った写真

黄緑（3枚で作った輪）

黄色（2枚で作った輪）

水色（1枚で作った輪）

ピンク（1枚で作った輪）

1-B

【お手本】

付箋で輪などを作り、組み立てたものを斜め上から撮った写真

切り込みの入れ方

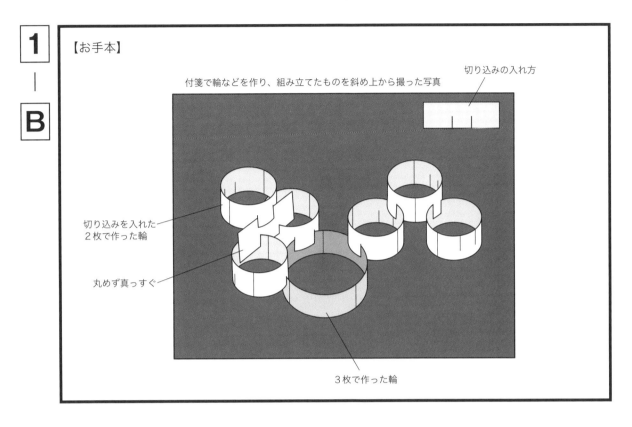

切り込みを入れた
2枚で作った輪

丸めず真っすぐ

3枚で作った輪

2

〈セッティング例〉

ついたて

正方形と長方形の付箋の束（黄色・黄緑・水色・ピンク）

白い画用紙

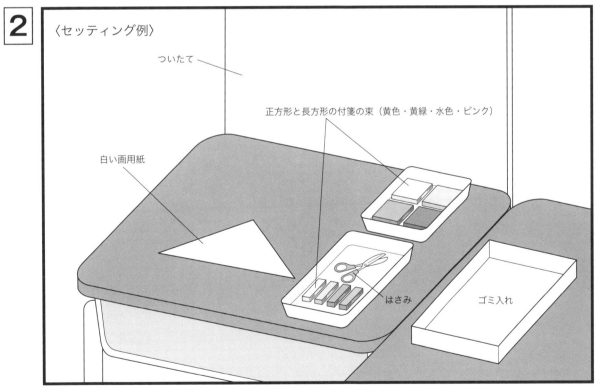

はさみ

ゴミ入れ

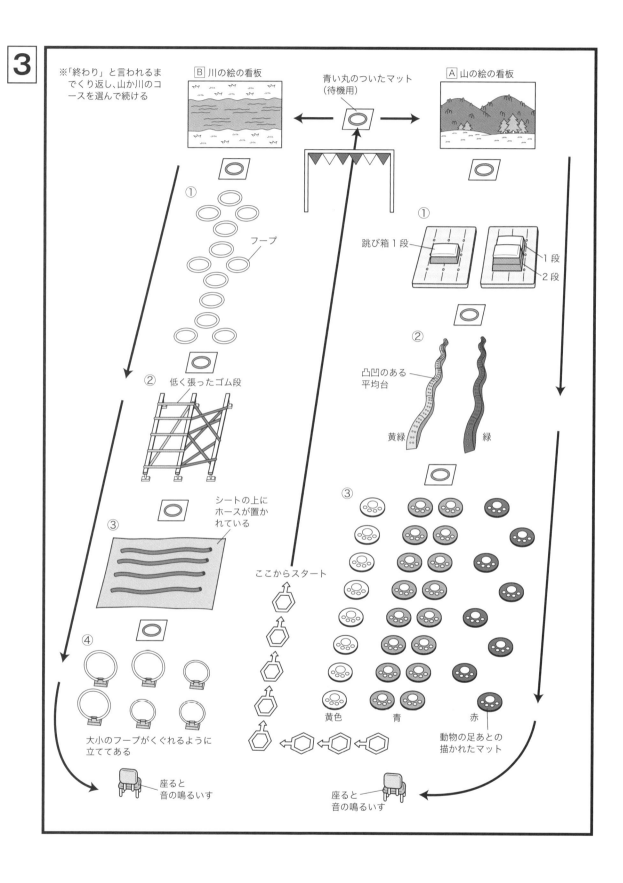

3

※「終わり」と言われるまでくり返し、山か川のコースを選んで続ける

B 川の絵の看板

青い丸のついたマット（待機用）

A 山の絵の看板

① フープ

① 跳び箱1段
1段
2段

② 低く張ったゴム段

② 凸凹のある平均台
黄緑　緑

③ シートの上にホースが置かれている

③

ここからスタート

④ 大小のフープがくぐれるように立ててある

黄色　青　赤

動物の足あとの描かれたマット

座ると音の鳴るいす

座ると音の鳴るいす

2020 桐朋学園小学校入試問題

section

■ 選抜方法

考査は2日間で、生年月日により指定された日時に集合し、両日とも10～15人単位で集団テストを行う。所要時間は1日目は約1時間30分、2日目は約1時間。

考査：1日目

| 集団テスト |

1 観察力・注意力

4×4のマス目の中に白、黄色、青、緑の丸がかいてあるお手本（表、裏）、4×4のマス目がかかれた小型のホワイトボード、丸形のマグネット（白、黄色、青、緑が各4個）が用意されている。

・お手本（表、花のマークがついている）と同じになるように、ホワイトボードにマグネットをつけましょう。

・お手本（裏、クローバーのマークがついている）の青いところは緑、緑のところは青のマグネットに置き換えて、ホワイトボードにマグネットをつけましょう。白と黄色はそのまま同じ色のマグネットを同じところにつけてください。

2 思考力

1と同じマグネットと小型のホワイトボードを使用する。ホワイトボードにかかれた4×4のマス目の3ヵ所に、緑のマグネットがつけられている。

・空いているマス目に、縦横斜めに同じ色が並ばないようにマグネットをつけましょう。

3 制 作

※日時によって台紙にかかれた形が一部異なる。

机の上に、3つの形がかかれた台紙、カラー割りピン2個、穴開けパンチ、スティックのり、はさみが置いてある。教室後方の机の上に、色画用紙、段ボール紙、モールが各数色ずつ用意されている。

・台紙の3つの形をはさみで切り取りましょう。丸は最後に切ってください。

・穴開けパンチで3つの形にそれぞれ2つずつ穴を開け、自由に組み合わせて割りピンで留めましょう。

・材料を後ろから取ってきて、留めた形に自由につけ足して好きなものを作りましょう。材料をつけるときは元の形に穴を増やしてもよいですが、元の形をはさみで切ってはいけません。ゴミは机の近くにあるゴミ入れに入れてください。

考査：2日目

｜ 集団テスト

4 リズム遊び

全員で輪になって、リズム遊びをする。「手と手でピッタンコ、足と足でピッタンコ、背中と背中でピッタンコ」と歌いながら、「手」のときは両隣のお友達と手を合わせ、「足」のときは足を、「背中」のときは背中を、どちらかの隣のお友達と合わせる。

5 行動観察（紙風船回しゲーム）

全員で輪になって体操座りをする。座ったまま、紙風船を隣のお友達に手渡しして回していく。3回行い、そのつど回す向きが変わったり、回す紙風船の数が増えたりする。

6 行動観察（風船運びゲーム）

3チームに分かれ、チームごとに同じ色のカラー帽子をかぶって行う。床の上に四角やひし形の枠が引かれている。3色のうちわ、スタートラインのところに紙風船が入ったカゴ、ゴールラインのところに空のカゴが用意されている。紙風船をうちわに載せてスタートし、ゴールにあるカゴまで運ぶゲームをする。チームの1つは、全員が四角やひし形の枠の中から黒いうちわであおいで紙風船を運ぶのを邪魔をする役になる。ほかの2チームはオレンジ色のうちわに紙風船を載せて運ぶ役か、紙風船が飛ばされないように水色のうちわで守る役を個別に選ぶ。役を交替しながらくり返し行い、途中でルールが若干変わることがある（1回目は紙風船を運ぶ1人を1人で守る、2回目は運ぶ1人を数人で守る、など）。

〈約束〉

・運ぶ役は紙風船に手で触ったり、うちわで抑えたりしてはいけない。守る役は、紙風船を手では触らず、うちわで触ったり抑えたりして守る。

・紙風船が床に落ちたら、拾って線の外に出る。スタートラインまで手をつないで戻り、うちわ（オレンジ色と水色）を交換し役を交替してもう一度スタートする。

・紙風船をカゴに入れた後は、スタートラインまで手をつないで戻る。

・四角い枠には1人だけ、ひし形の枠には何人入ってもよいが、ゲームの途中で場所を移動してはいけない。

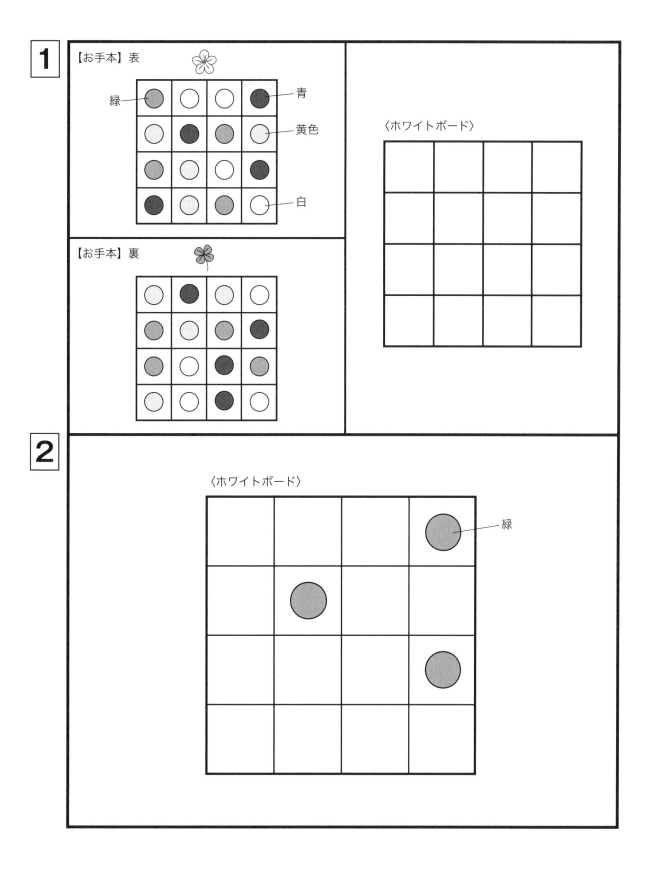

3

〈セッティング例〉

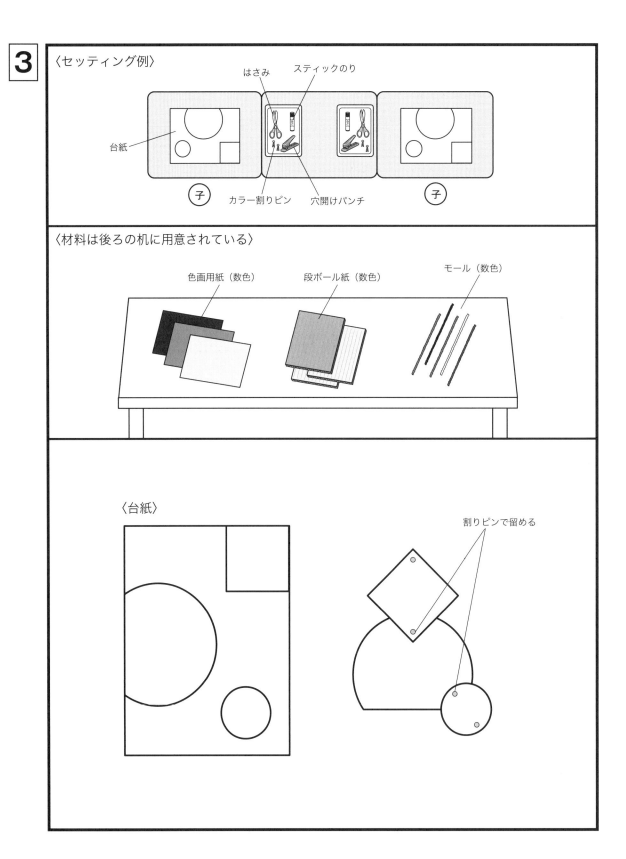

〈材料は後ろの机に用意されている〉

〈台紙〉

4

5

6

2019 桐朋学園小学校入試問題

■ 選抜方法

考査は2日間で、生年月日により指定された日時に集合し、両日とも10～15人単位で集団テストを行う。所要時間は1日目は約1時間30分、2日目は約1時間。

考査：1日目

┃ 集団テスト ┃

1 注意力・位置の移動

穴の開いたボード(赤、青のシールが貼られている)、ストローでできた旗(赤、青各1本)が用意されている。赤いシールが貼られている方が上になるようにボードを置き、青いシールの貼ってある穴に旗をさす。前方には矢印のカードが貼られている(□↓□↓□↓□など)。
・先生がたたくウッドブロックの音の数だけ、前に貼られている矢印の方向に旗を動かしましょう。

2 観察力・工夫力・巧緻性

お手本、穴の開いたボード、材料としていろいろな長さのストロー、ひもストッパー、ビニールタイ、チェンリングなどが用意されている。

紙の表裏に写真が印刷されたお手本①、穴の開いたボードを使用する。
・表も裏もお手本と同じになるように、穴の開いたボードに材料を取りつけましょう。

実物のお手本②、穴の開いたボードが立ててある。
・表も裏もお手本と同じになるように、穴の開いたボードに材料を取りつけましょう。席を立ってもよいので、お手本の表と裏をよく見てやりましょう。ただし、お手本に触ってはいけません。

3 制 作

※日時によって材料や作り方が異なる。

Ａ
紙皿、2ヵ所に印がある紙コップ、洗濯ばさみ3個、スティックのり、はさみが用意され

ている。後ろの机の上に、いろいろな色の画用紙、モール、お花紙が置いてある。

・印のところから、紙コップに切り込みを入れましょう。次に紙皿の内側の丸を切り取って、外側の輪を半分に折ってください。切り込みを入れた紙コップ、半分に折った紙皿の外側の輪、洗濯ばさみ3個を必ず使って、好きなものを作りましょう。紙皿の内側の丸とほかの材料も自由に使ってよいですよ。

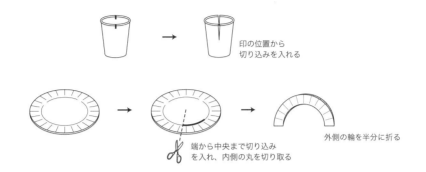

紙皿、2ヵ所に印がある深めの紙皿、洗濯ばさみ3個、スティックのり、はさみが用意されている。後ろの机の上に、いろいろな色の画用紙、モール、お花紙が置いてある。

・印のところから、深めの紙皿に切り込みを入れましょう。次に紙皿の内側の丸を切り取って、外側を輪にしましょう。切り込みを入れた深めの紙皿、紙皿の外側の輪、洗濯ばさみ3個を必ず使って、好きなものを作りましょう。紙皿の内側の丸とほかの材料も自由に使ってよいですよ。

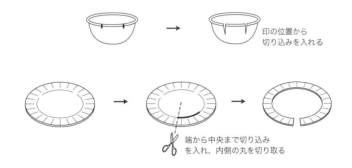

考査：2日目

集団テスト

4 行動観察（ジャンケンゲーム）

新聞紙が用意されている。

・ジャンケンゲーム①…新聞紙1枚を半分に折り、破れないようにその上に立つ。テスタ

ー対子ども全員でジャンケンをし、勝ったらそのまま、あいこと
負けのときは足元の新聞紙をさらに半分にたたみ、またその上に
立つ。これをくり返し、足元の新聞紙に片足でも乗れなくなった
ら体操座りをして待つ。

・ジャンケンゲーム②…新聞紙１枚を広げ、破れないようにその上に立つ。テスター対子
ども全員でジャンケンをし、勝ちとあいこのときはそのまま、負
けたら足元の新聞紙をたたんで箱に入れ、勝ちとあいこのお友達
に「入れて」と言い、言われたお友達は必ず「いいよ」と言って、
同じ新聞紙の上に一緒に立つ。これをくり返す。

5 行動観察（新聞紙ボール運び）

新聞紙、セロハンテープ（グループごとに卓上型が１台）が用意されている。

・新聞紙ボール作り…４人で１つのグループになり、グループで相談しながら新聞紙４、
５枚を使ってボールを作る。

・新聞紙ボール運び①…４人で１つのグループになり、広げた新聞紙の四隅を各自が片手
で持って、床にかかれた枠の中に立つ。その上に新聞紙で作った
ボールを載せ、ボールが落ちないように進む。離れた場所にある
カゴを回って戻り、床にかかれた枠の中で次の４人と交代する。
人数が足りない場合は誰かが２回行い、途中で新聞紙ボールを落
としてしまったら、拾ってその場所から続ける。持っている新聞
紙が破れてしまったら、たたんで箱に入れてテスターから新しい
新聞紙をもらう。

・新聞紙ボール運び②…４人のチームがさらに２人組に分かれて向かい合い、広げた新聞
紙の両端をそれぞれ持つ。スタートラインに１組が立ち、その先
にもう１組が立つ。１組目は、持っている新聞紙の上に新聞紙ボー
ルを載せて、もう１組の新聞紙の上に移す。移し終えたらボール
を移した組のさらに先に移動して、同じようにして今度はボール
を受け取る。これをくり返してカゴのところまで進み、新聞紙ボー
ルをカゴに入れる。ボールをカゴに１回入れるごとに花の形を
したマグネットをホワイトボードに貼り、またスタート位置に戻
ってくり返す。途中で新聞紙ボールを落としてしまったら、拾っ
てその場所から続ける。持っている新聞紙が破れてしまったら、
たたんで箱に入れてテスターから新しい新聞紙をもらう。ゲーム
が終わったときに、貼ったマグネットの数がどちらが多いかを２
チーム間で競争し、作戦タイムにはどうすれば早くできるか相談
する。

1

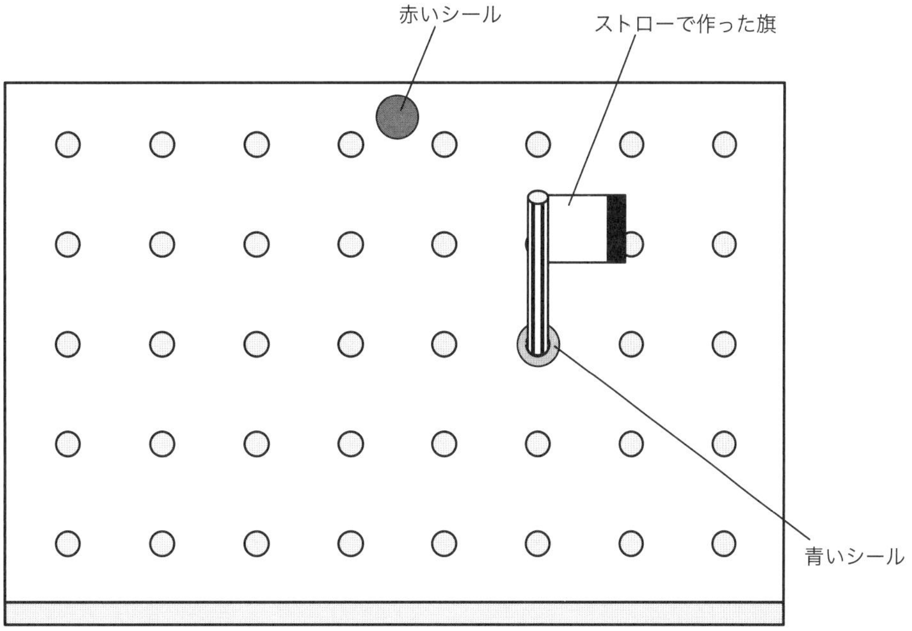

赤いシール

ストローで作った旗

青いシール

2 【お手本①（写真）】

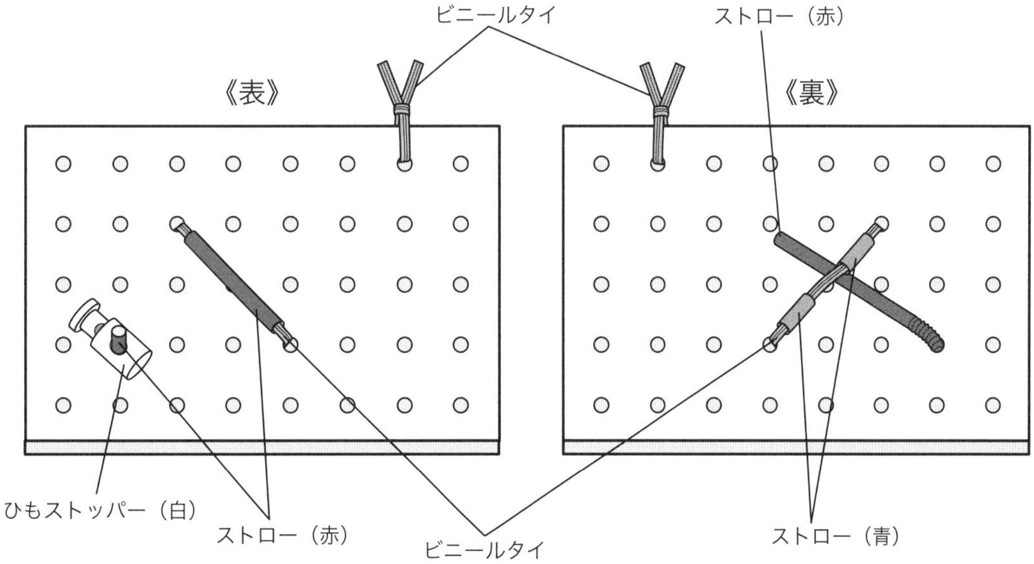

ビニールタイ

ストロー（赤）

《表》

《裏》

ひもストッパー（白）

ストロー（赤）

ビニールタイ

ストロー（青）

2

【お手本②（実物）表】

ストロー（赤）　　ストロー（黄色）

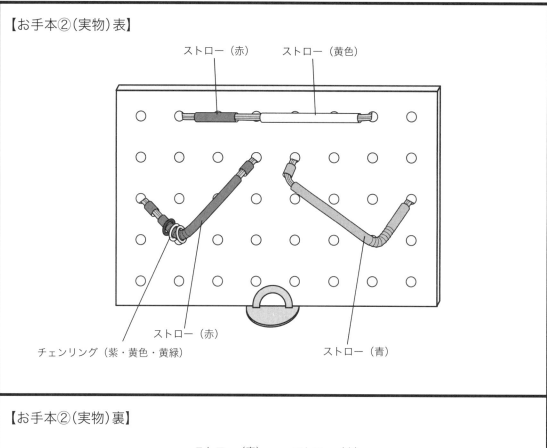

チェンリング（紫・黄色・黄緑）

ストロー（赤）

ストロー（青）

【お手本②（実物）裏】

ストロー（青）　　ストロー（赤）

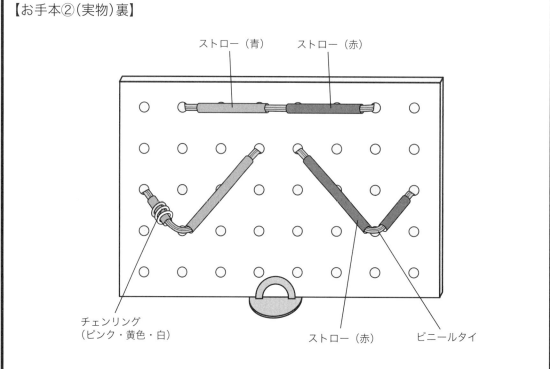

チェンリング
（ピンク・黄色・白）

ストロー（赤）

ビニールタイ

3 〈セッティング例 Ⓐ〉

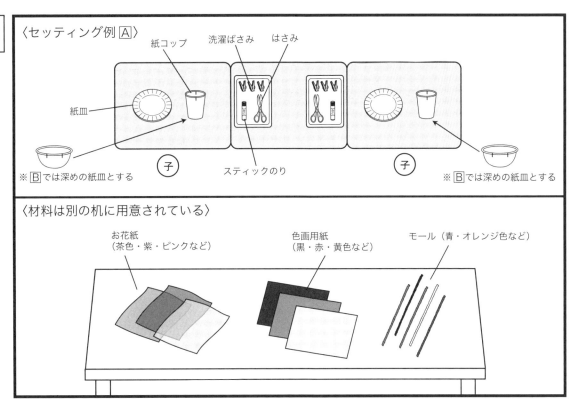

〈材料は別の机に用意されている〉

4 〈ジャンケンゲーム①〉　〈ジャンケンゲーム②〉

5 〈新聞紙ボール運び①〉

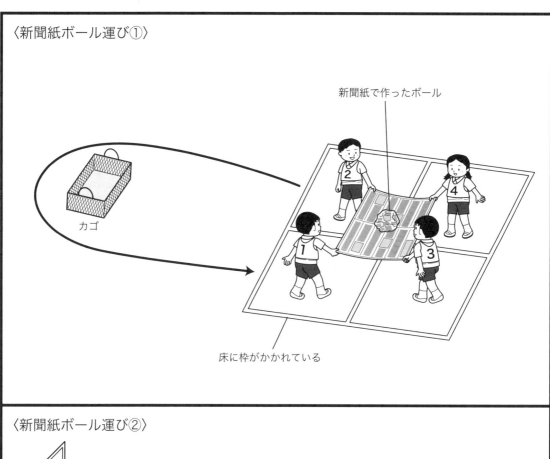

新聞紙で作ったボール

カゴ

床に枠がかかれている

〈新聞紙ボール運び②〉

ホワイトボード

花の形のマグネット

新聞紙で作ったボール

スタートライン

カゴ

section
2018 桐朋学園小学校入試問題

■ 選抜方法

考査は 2 日間で、生年月日により指定された日時に集合し、両日とも10〜15人単位で集団テストを行う。所要時間は 1 日目は約 1 時間30分、2 日目は約 1 時間。

考査：1日目

集団テスト

1 構成・思考力

切り込みの入った正方形のカード（ピンク 4 枚・青 4 枚）が配られる。お手本と枠がかかれた台紙が 4 枚用意されている。

台紙①を使用する。
・左のお手本と同じになるようにピンクと青のカードの切り込みを組み合わせて、右の枠に置きましょう（一番上の問題はテスターが実際にやるところを見ながら行う）。

台紙②を使用する。
・左のお手本と同じになるように、先ほど組み合わせたカードを右の枠に置きましょう。

台紙③を使用する。
・左のお手本と同じになるようにカードを組み合わせて、右の枠に置きましょう（必要に応じてカードを組み替えて行う）。

台紙④を使用する。切り込みの入った正方形のカード（ピンク 5 枚・青 5 枚）がさらに追加される。
・全部のカードを使って、左のお手本と同じになるように右の枠に置きましょう。

2 制 作

※日時によってテーマが異なる。
机が 3 つ並べられ、その両端に 2 人座る。各自の机の上に楕円形の発泡スチロール製の皿が用意されている。真ん中の机につまようじ 3 本、セロハンテープ、スティックのり、は

さみがそれぞれ2人分置いてあり、後ろの机にはいろいろな色のモール、不織布、色画用紙、ストローなどが置いてある。

・「海（または空）」と言われて思い出すものを、お皿を使って作りましょう。ほかの材料は、後ろの机から取ってきてください。つまようじでお皿に穴を開け、モールなどを通すこともできますよ（実際にやり方を見せる）。

集団テスト

3 行動観察（ゴム輪遊び）

・ゴム輪遊び①…全員で円になり、3人ずつに分かれる。大きな輪になったゴムを3人一緒に頭から通して足から抜き、次の3人に渡す。これをくり返して1周し、2周目は足から通して頭から抜く。

・ゴム輪遊び②…全員が1列に並んで大きな輪になったゴムの中に入る。そのまま前進したり、後ろ歩きで戻ったりする。

4 行動観察（集団ゲーム）

2チームに分かれて、ジャンケンゲームを行う。床の上に、大きなマス目状に線が引かれている。その外側に模擬の野菜や果物が入った箱が置いてあり、各チームにも空の箱が用意されている。各チームとも2人1組になり、縦1列でゴムの中に入って前の子どもは帽子をかぶり、床の線に沿って1列に並んで待つ。両チームとも先頭の組からスタートして、電車ごっこのように線の上を自由に進む。相手チームとぶつかったら、「ぐるぐるぐるぐるジャンケンポン」と言いながら前の子同士でジャンケンをする。勝った組は前後の子が入れ替わってまた線の上を進み、負けた組は自分のチームの列に戻り次の組に交代する。2回続けて勝った組は、模擬の野菜や果物を2つもらって自分のチームの箱に入れ、列の後ろに並ぶ。1回目は勝って2回目は負けた組は、模擬の野菜や果物を1つだけもらってチームの箱に入れ、列に戻る。最後にチームごとの箱にある模擬の野菜や果物が多い方が勝ち。チームのメンバーを入れ替えたり、ルールを変えたりして（ジャンケンで負けた方が残って進み、勝った方が戻るなど）、何回か行う。

1

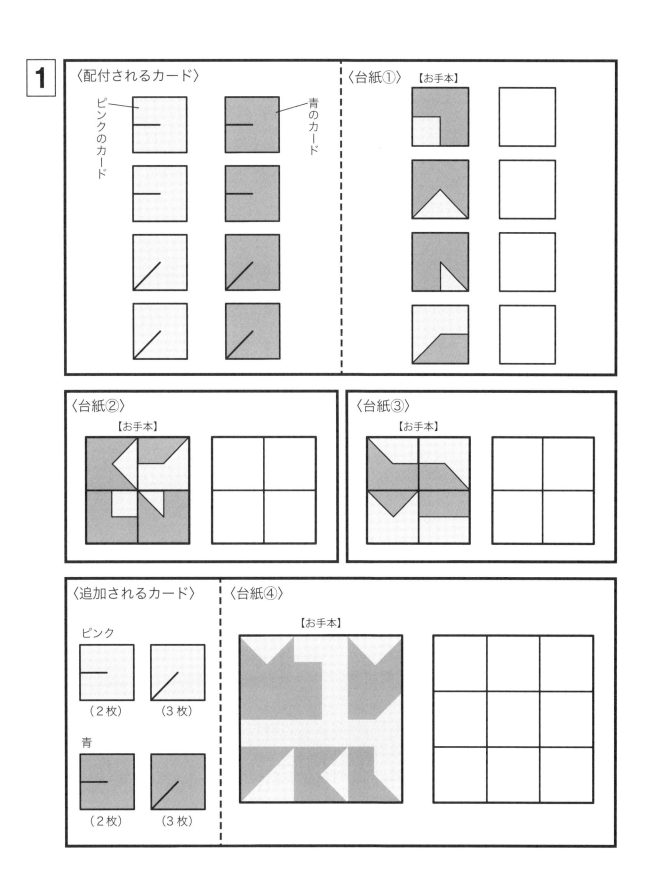

〈配付されるカード〉

ピンクのカード

青のカード

〈台紙①〉　【お手本】

〈台紙②〉

【お手本】

〈台紙③〉

【お手本】

〈追加されるカード〉

ピンク

（2枚）　（3枚）

青

（2枚）　（3枚）

〈台紙④〉

【お手本】

2018

2 〈セッティング例〉

つまようじ（3本）　はさみ　　　　　　　　　　発泡スチロール製の皿

子　　　スティックのり　　セロハンテープ　　子

〈材料は別の机に用意されている〉

ストロー（青・ピンク・白など）

モール
（黒・白・黄色・赤
・緑・ピンクなど）

画用紙（水色・ピンク・黄色・赤など）

不織布
（緑・ピンク
・黄色・茶色
など）

3 〈ゴム輪遊び①〉

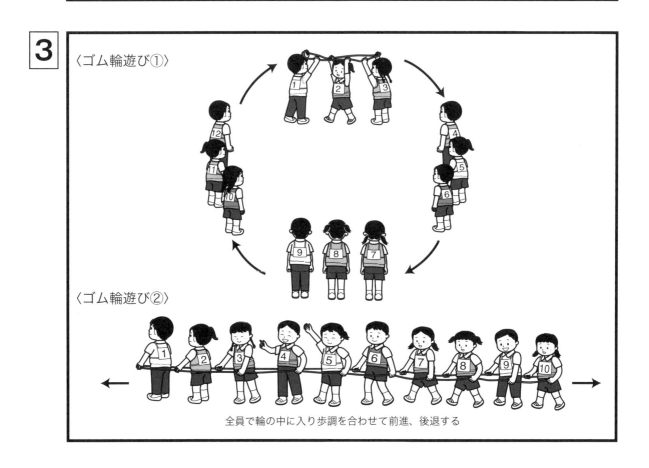

〈ゴム輪遊び②〉

全員で輪の中に入り歩調を合わせて前進、後退する

2018

4

模擬の野菜と果物

section
2017 桐朋学園小学校入試問題

■ 選抜方法

考査は2日間で、生年月日により指定された日時に集合し、両日とも10〜15人単位で集団テストを行う。所要時間は1日目は約1時間30分、2日目は約1時間。

考査：1日目

▎ 集団テスト

1 構成・思考力

マス目に模様がかかれている3種類のカードが3枚ずつ、机の上に用意されている。

・9枚のカードの模様が横につながるように一列に並べましょう。

2 構成・思考力

1と同じカードを使用する。ホワイトボードにマス目のみがかかれたカードが1枚貼ってある。

・ホワイトボードに貼ってあるカードを囲むように、カードを置きましょう。カードの模様が全部つながるように置いてください。

3 構成・思考力

2でカードを置いた状態のホワイトボード、オレンジ色の四角いチップ7枚を使用する。

・模様のない縦と横2つずつの4つのマス目で真四角になっているところの真ん中に、チップを1枚ずつ置きましょう。チップとチップがくっついたり重なったりしてはいけません。7枚のチップがすべて置けるようにしてください。置けないときは周りのカードを入れ替えてもよいですよ。

4 制 作

机が3つ並べられ、その両端に2人座る。各自の机の上には線のかかれたB4判の白い画用紙が用意されている。真ん中の机に長さ約1mの麻ひも、ボンド、はさみがそれぞれ2人分とウエットティッシュが1つ置いてあり、後ろの机にはいろいろな色の上質紙と片面段ボール紙、ひもが置いてある。

・（テスターが実際にやってお手本を見せながら）画用紙の黒い線に沿ってボンドを塗り、

その上に麻ひもを貼りつけましょう。
・画用紙に貼りつけた麻ひもの周りに、後ろの机にある材料を貼り足して、好きなものの絵にしましょう。ウエットティッシュも使ってよいですよ。

考査：2日目

集団テスト

5 行動観察（集団パズルゲーム）

2チームに分かれて、パズルリレー1、パズルリレー2、共同パズルを順番に行う。段ボール箱に絵が貼ってあるパズル2セットが用意されている。1セットは背景が青でピクニックの絵、もう1セットは背景が黄色でケン玉遊びの絵が描かれたパズルになっている。両方のパズルを合わせて裏面が無地のものを取り除くと、裏面は背景がピンク色でこたつとネコの絵が描かれたパズルになっている。各チームの机の上には棒の先が青、黄色、緑、オレンジ色になったくじが2本ずつ入った入れ物が置かれており、机の下にはたたんだ新聞紙が置かれている。机のそばの床に青、黄色、緑、オレンジ色の印があり、ゴムボールの入ったカゴが置いてある。パズルのそばにも空のカゴが用意されている。
・パズルリレー1…青チームと黄色チームの2チームに分かれて行う。チームごとに白い線の上に並んで順番に机の上のくじを引き、青、黄色、緑、オレンジ色のうち出た色の印の上に立つ。同じ色の印の上に立った人同士で2人1組になり、一番前の組からスタートする。カゴに入ったゴムボールを取り、お互いに片手をつなぎ、もう片方の手のひらを合わせた間にゴムボールを挟んで運び、パズルのそばにあるカゴに入れる。バラバラに置かれたパズルの中から2人で1つを選び、自分のチームの色が背景になった絵が見えるように立てて並べる。来たときと同じ要領でゴムボールを運んで戻り、元のカゴに戻したら次の組にタッチして交代する。パズルが完成するまでくり返して、先に完成したチームの勝ち。

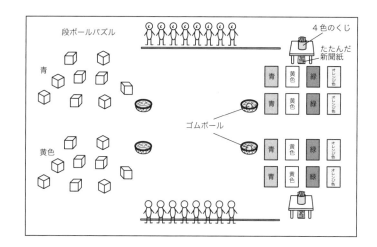

- パズルリレー2…青チームと黄色チームでパズルを入れ替えて、先ほどと同じようにくじを引いて2人1組になりスタートする。今度は2人で新聞紙の四隅を持ち、その上にゴムボールを載せて運ぶ。パズルのそばにあるカゴにゴムボールを入れてパズルを立てて並べ、来たときと同じ要領で戻ってゴムボールを元のカゴに戻したら次の組にタッチして交代する。ゴムボールは新聞紙に載せたら触らない、運ぶ途中でゴムボールが落ちたら拾って落とした地点から進むというお約束がある。

- 共同パズル…テスターが青いパズルと黄色いパズルを混ぜて、裏面が無地のパズルを取りのぞく。2つのチーム全員で背景がピンク色の絵ができあがるようにパズルを完成させる。

2017

1

〈カード〉

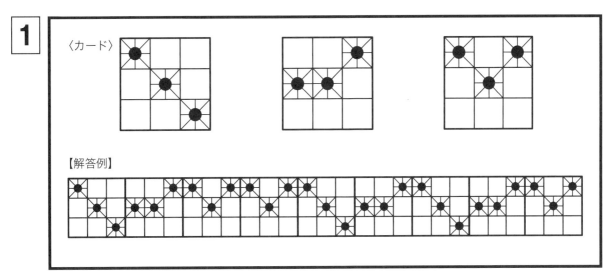

【解答例】

2

ホワイトボード

【解答例】

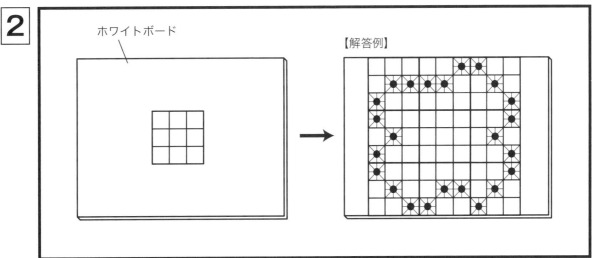

3

チップ

【解答例】

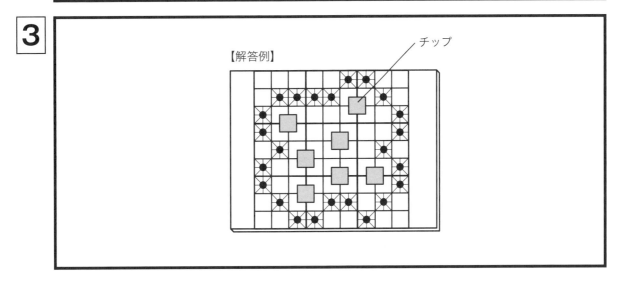

4

〈セッティング例〉

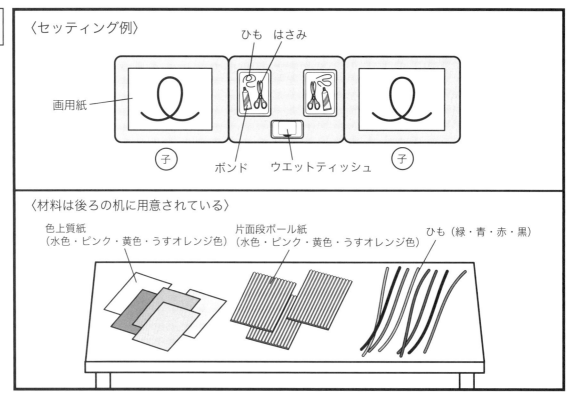

〈材料は後ろの机に用意されている〉

〈画用紙〉

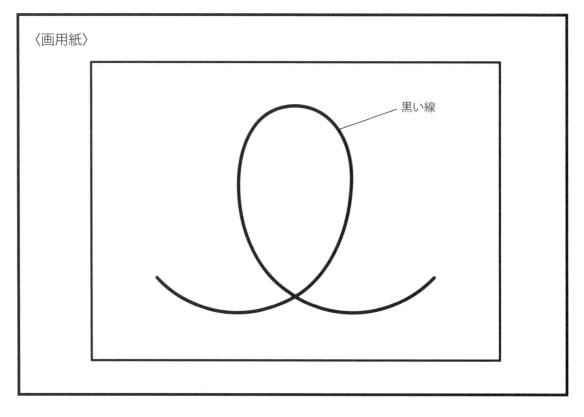

5

〈パズルリレー1〉青いパズルと黄色いパズル

お互いの片手を合わせて
ボールを挟んで運ぶ

〈パズルリレー2〉青いパズルと黄色いパズル（1回目と取り換える）

ボールを新聞紙に載せて運ぶ

〈パズルリレー1・2〉

【青いパズルの完成図】　　　【黄色いパズルの完成図】

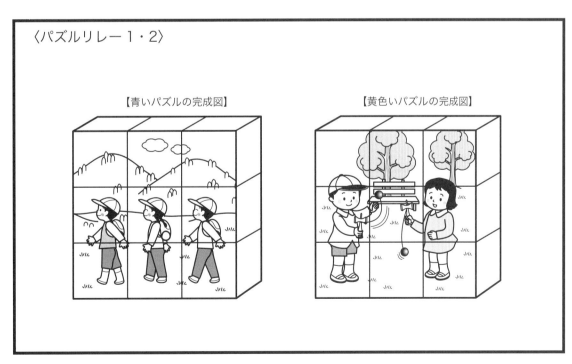

5 〈共同パズル〉ピンクのパズル

〈共同パズル〉

【ピンクのパズルの完成図】

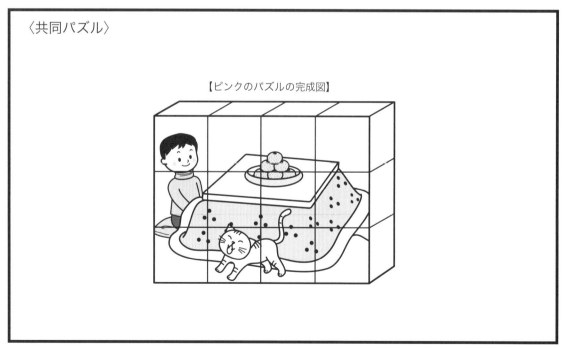

2016 桐朋学園小学校入試問題

選抜方法

考査は2日間で、生年月日により指定された日時に集合し、両日とも10～15人単位で集団テストを行う。所要時間は1日目は約1時間30分、2日目は約1時間。

考査：1日目

集団テスト

1 構成・思考力

長さの違う5色の棒状の積み木がたくさん入った箱と、両面に枠や形が印刷されている台紙が用意されている。

〈表〉

・チューリップの印の枠の中にピッタリ入るように、積み木を横にして入れましょう。積み木は全種類使ってください。

・チョウチョの印の枠の中にピッタリ入るように、積み木を横にして入れましょう。積み木は全種類使ってください。ただし黒いところに置いてはいけません。

〈裏〉

・赤と黄緑の積み木だけを、枠の中にピッタリ入るように横にして入れましょう。表のチョウチョの印と同じように、黒いところに置いてはいけません。

2 注意力

1と同じ積み木のうち各色1本ずつと一番短い白い積み木を加えた計6本、真ん中に星がかかれた台紙が用意されている。

・積み木を台紙の星のすぐ左側から端に向かって長い順に並べましょう。

3 構成・思考力

1と同じ積み木を使う。透明なケースの中に1と同じ積み木をたくさん積んだお手本と、積み木がたくさん入った箱、空の透明なケースが用意されている。

・お手本と同じになるように、透明なケースの中に積み木を入れましょう。お手本のふた

は開けてはいけません。

✎ 制　作

※グループによって多少内容が異なる。

2人ずつ隣り合った机に座る。真ん中にセロハンテープ、つぼのり、お手ふきがあり、各自の前には、ふたのついた紙箱（約15cm四方）が用意されている。後ろの机の上には片面段ボール紙、色画用紙、いろいろな色のお花紙が置いてある。

・机の上にある箱を折り目に沿ってたたみ、平らにしましょう。たたんだ箱は何に見えるでしょうか。後ろの机の上にある材料を使って箱を好きなものに変身させてください。もう一度箱の形に戻してもよいですが、切ってはいけません。はさみはないので材料はちぎって貼りましょう。

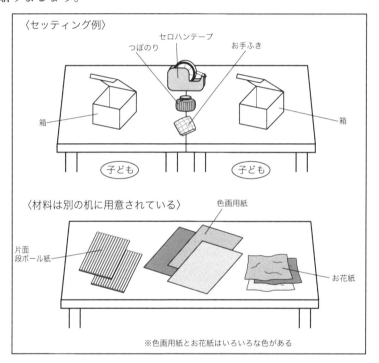

考査：2日目

集団テスト | 約12人の集団で行う。

4 制作（輪投げの輪）・行動観察（お店作り、お祭りごっこ）

お祭りごっこのお店（輪投げ屋さん、魚釣り屋さん）を作るのに必要な道具（新聞紙、セロハンテープ、砂やアイロンビーズが入ったペットボトル、布、釣りざお、おもちゃの魚、メダル、ベル、ビニールプールなど）が用意されている。教室にお手本となるお店の完成

写真が貼られている。

・新聞紙を細長い棒になるように巻いてねじり、それを輪にして両端を少し重ね、セロハンテープで留めて輪投げの輪を作りましょう。次に全員でお手本の写真を見ながら、用意された道具を使ってお店作りをしてください。

【輪投げ用の輪の作り方】

新聞紙 見開き1枚　　細長く巻く　　ねじる　　輪にして
セロハンテープで
留める

・お店ができたら約6人ずつのグループに分かれ、先生に指示された人が輪投げ屋さん、魚釣り屋さんになり鉢巻きを巻きます。ほかの人はお客さんになって遊びましょう。輪投げ屋さんはペットボトルに輪が入ったらベルを鳴らし、お客さんにメダルを渡します。お客さんが1回ずつ投げ終わったら役を交代してください。魚釣り屋さんは、お客さんにバケツと釣りざおを渡し、お客さんが魚を3匹釣ったら役を交代しましょう。

・全員が終わったら、お祭りごっこで使ったものでお友達と自由に遊びましょう。終わりの時間になったら、元通りになるようにお片づけをしてください。

2016

1

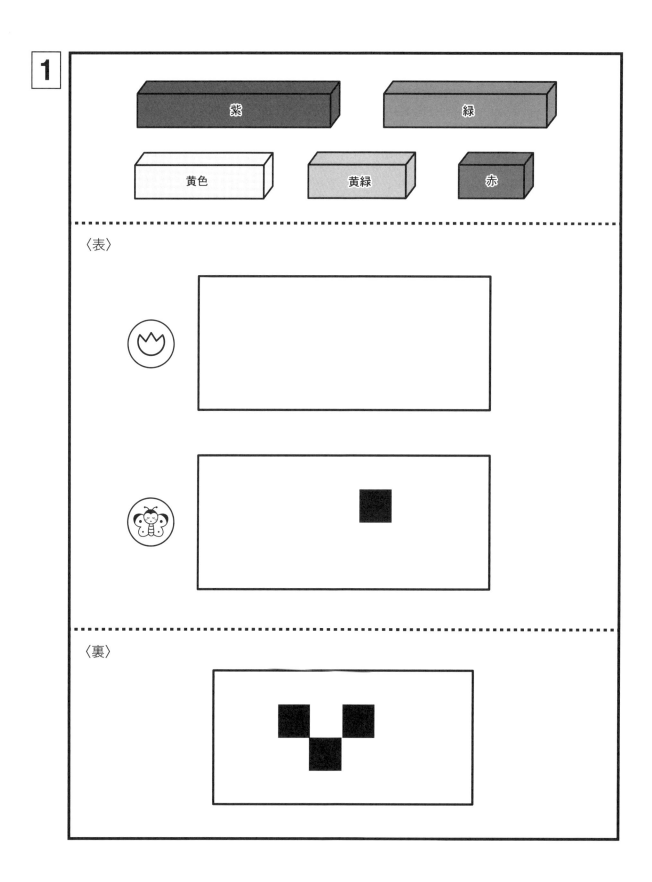

紫　　緑

黄色　　黄緑　　赤

〈表〉

〈裏〉

2

〈台紙〉

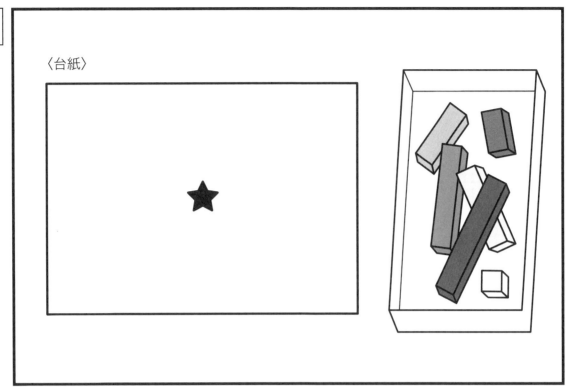

3

【お手本】

透明ケース

上から見たところ

〈用意されているもの〉

透明ケース

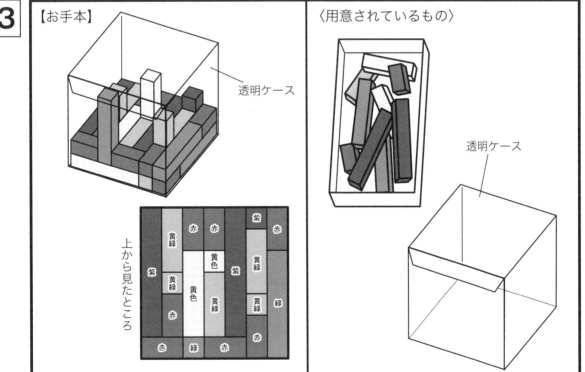

4 〈輪投げ屋さんと魚釣り屋さんのお手本の写真〉

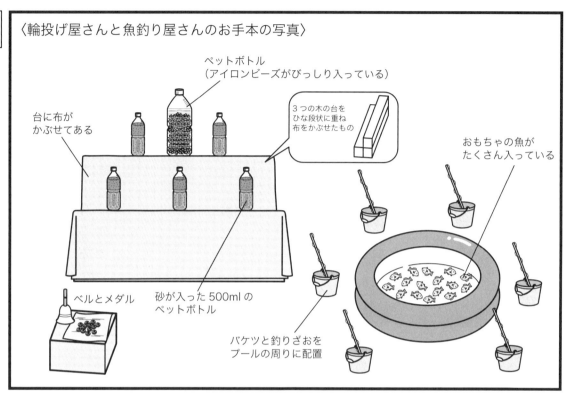

ペットボトル
（アイロンビーズがびっしり入っている）

台に布が
かぶせてある

3つの木の台を
ひな段状に重ね
布をかぶせたもの

おもちゃの魚が
たくさん入っている

ベルとメダル

砂が入った500mlの
ペットボトル

バケツと釣りざおを
プールの周りに配置

〈準備をする前〉

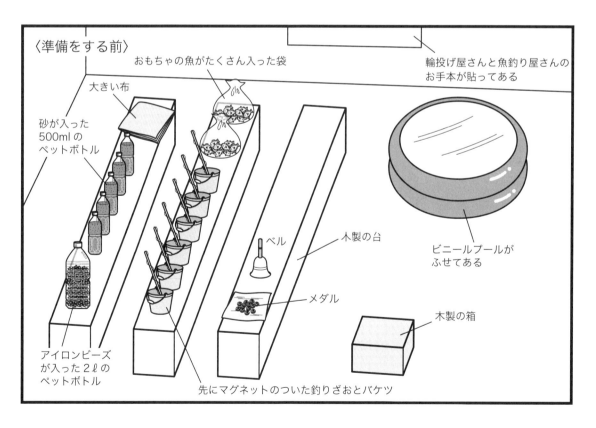

おもちゃの魚がたくさん入った袋

大きい布

輪投げ屋さんと魚釣り屋さんの
お手本が貼ってある

砂が入った
500mlの
ペットボトル

ベル

木製の台

ビニールプールが
ふせてある

メダル

アイロンビーズ
が入った2ℓの
ペットボトル

先にマグネットのついた釣りざおとバケツ

木製の箱

2016

2015 桐朋学園小学校入試問題

■ 選抜方法

考査は2日間で、生年月日により指定された日時に集合し、両日とも約15人単位で集団テストを行う。
所要時間は両日とも約1時間。

考査：1日目

| 集団テスト |

1 巧緻性・思考力

チューリップの描かれたお手本と、棒が立っている（縦4本・横4本）木の板、ひも、指
サックが用意されている。

・チューリップの絵を上にしてお手本を置きましょう（グループによってお手本のひもの
かけ方は異なる）。板の右下のお手本と同じ場所の棒にひもを巻いて結びましょう。そ
こからスタートして、お手本と同じになるように棒にひもをかけていってください。ひ
もの最後は棒にグルッと巻いて、指サックで留めましょう。

2 巧緻性・思考力

1と同じ、棒が立っている木の板を使う。お皿の中に穴の開いた白と黒の玉がたくさん用
意されている（中心の4つの棒に、テスターが輪ゴムをかけてくれる）。

・お皿の中に入っている白と黒の玉を板の上の棒に入れていきます。それぞれ1本の棒に
4個ずつ玉を入れます。ただし、次のようなお約束（お約束は日程によって若干異なる）
があります。このお約束を守って、入れてよい棒すべてに玉を入れていきましょう。

〈約束〉

・輪ゴムをかけた4本の棒に玉を入れてはいけません。

・黒い玉は続けて2つ入れてはいけません。

・白い玉は続けて2つまで入れることができます。

・隣の棒の同じ高さに黒い玉同士が並んではいけません。

3 巧緻性・思考力

1と同じ、棒が立っている木の板を使う。実物のお手本と白と黒の穴の開いた玉、緑の平
たいビーズ、ひも、指サックが用意されている。

・お手本と同じになるように、ひもを棒に巻いて結んでから、同じ場所にひもをかけ、指サックや白黒の玉、緑の平たいビーズを棒に入れましょう。ひもの最後はさっきと同じように棒にグルッと巻いて、指サックで留めましょう。

4 制 作

※グループによってテーマは異なる（走るもの・飛ぶものなど）。

机が3つ並べられ、その両端に1人ずつ座る。真ん中の机にセロハンテープ、はさみ、先のとがっていないつまようじが2人分置いてあり、各自の机の上には浮き棒のように小さな穴の開いた軟らかくて長い棒が用意されている。教室の後方に、サイコロ形のスポンジ、短いモールと長いモール、画用紙が用意されている。

・棒を真ん中あたりに結び目がくるように1回結んで、両端をつまようじの長さに合わせてはさみで切りましょう。そして、これと教室の後ろに置かれたいろいろな材料を使って、空を飛ぶものを作りましょう。

考査：2日目

集団テスト

5 行動観察（重さ比べ）

※グループによって多少内容が異なる。

12〜15人の集団で行う。帽子をかぶり、赤チームと青チームに分かれる。

A

バスケットボール、ゴムボール、スポンジボール、サッカーボール、ビーチボールなどが入ったカゴとシーソーが用意されている。

・カゴの中に入っているボールの中から、1人1つ好きなものを取ってきましょう。

・これから重さ比べのゲームをします。自分たちが取ったボールを、シーソーの上に置いてある赤と青それぞれのチームのカゴの中に全員分入れましょう。それぞれのチームの1人が、シーソーが傾かないように押さえておいてください（押さえる子はテスターが指名する）。

・全員のボールを入れ終わったら、「せーの」の合図で押さえていた人はシーソーから手を離してください。シーソーが下がった方のチームが勝ちです。

B

赤と青のチームにそれぞれ、ぬいぐるみ、乗り物のおもちゃ、生活用品のいずれかのものが入ったカゴが渡される。

・重さ比べをします。渡されたカゴの中に入っているすべてのものを、お友達と相談しな

がらはかり（シーソー）を使って調べましょう。重さ比べが終わったら、それぞれのチームの床にかかれた星マークのところから重い順に床に並べましょう。赤チームが先に行いますので、青チームは座って待っていましょう。赤チームが相談している様子を見ながら、青チームの皆さんも「どちらが重いかな」と一緒に考えましょう。

自由遊び

重さ比べで使用したもの（シーソー、ボール、ぬいぐるみ、乗り物のおもちゃ、生活用品など）が用意されている。

・先ほど使った道具の中から好きなものを選んで遊びましょう。「終わり」の合図があったら遊びの時間はおしまいですので、お片づけをしましょう。

1 【お手本】

最後はひもを巻いて
指サックで留めてある

スタートのところの棒に
ひもを巻いて結んで
ある

〈材料〉

ひも

指サック

木の板に棒（縦４本・横４本）が立っている

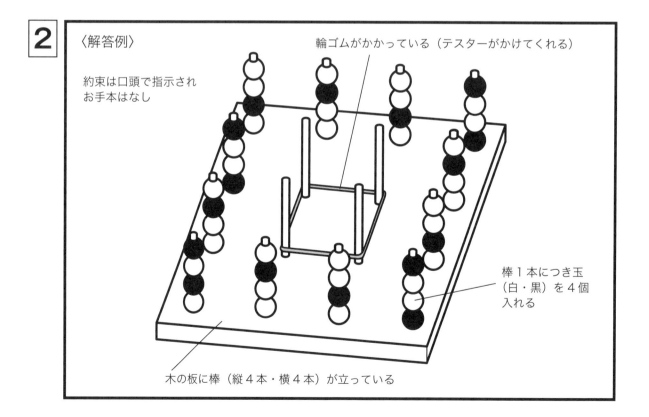

2 〈解答例〉

輪ゴムがかかっている（テスターがかけてくれる）

約束は口頭で指示され
お手本はなし

棒１本につき玉
（白・黒）を４個
入れる

木の板に棒（縦４本・横４本）が立っている

3

【お手本】

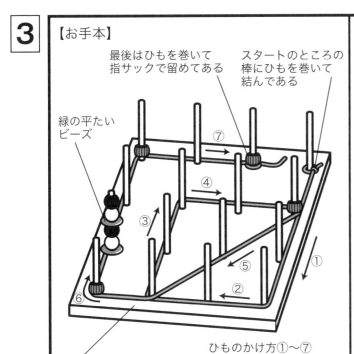

最後はひもを巻いて
指サックで留めてある

スタートのところの
棒にひもを巻いて
結んである

緑の平たい
ビーズ

⑦

④

③

⑤

②

①

⑥

木の板に棒（縦４本・横４本）が立っている

ひものかけ方①〜⑦

〈材料〉

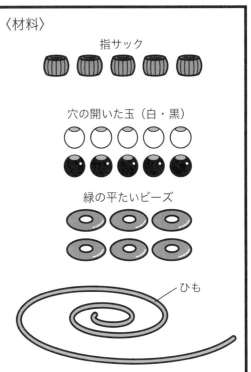

指サック

穴の開いた玉（白・黒）

緑の平たいビーズ

ひも

4

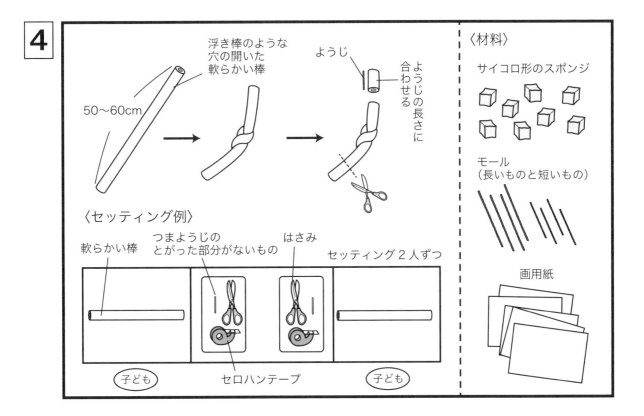

浮き棒のような
穴の開いた
軟らかい棒

50〜60cm

ようじ

ようじの長さに
合わせる

〈セッティング例〉

軟らかい棒

つまようじの
とがった部分がないもの

はさみ

セッティング２人ずつ

子ども

セロハンテープ

子ども

〈材料〉

サイコロ形のスポンジ

モール
（長いものと短いもの）

画用紙

5

Ⓐ

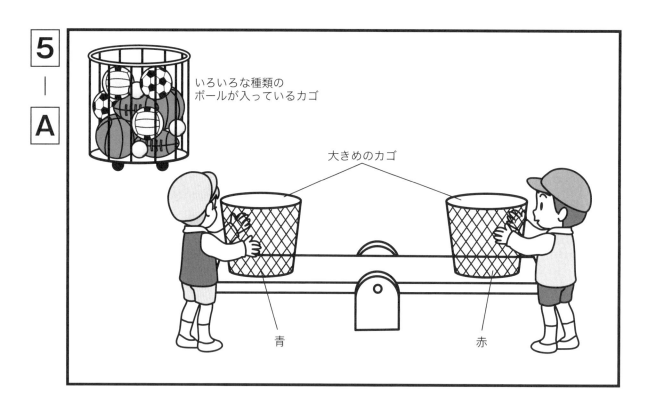

いろいろな種類の
ボールが入っているカゴ

大きめのカゴ

青

赤

Ⓑ

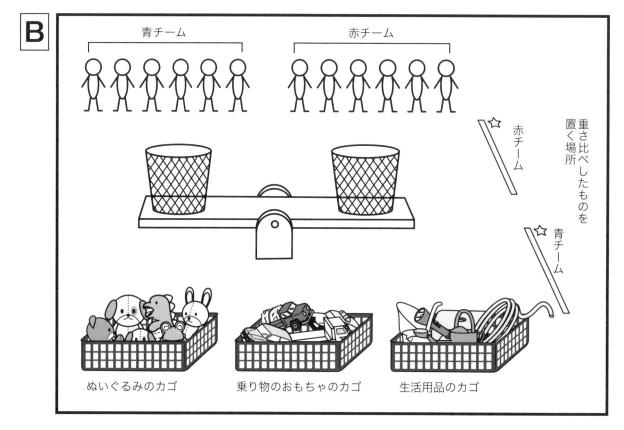

青チーム

赤チーム

重さ比べしたものを
置く場所

赤チーム

青チーム

ぬいぐるみのカゴ

乗り物のおもちゃのカゴ

生活用品のカゴ

section 2014 桐朋学園小学校入試問題

選抜方法

考査は2日間で、生年月日により指定された日時に集合し、両日とも約15人単位で集団テストを行う。所要時間は両日とも約1時間。

考査：1日目

集団テスト

1 構成・思考力

木地（無地）の三角の積み木8個と色のついた三角の積み木（赤、青、黄色、緑、各2個ずつ）計16個を使用する。

A
・三角の積み木が積めるように、寝かせて上に積んでいきましょう。ただし同じ色の積み木が上と下で重ならないようにします（写真の例を見せる）。

B
・今度は2つ合わせて四角にして、同じ色がくっつかないように積みましょう（写真の例を見せる）。

2 構成・思考力

1と同じ積み木を使用する。
・台紙（B5判くらいの両面印刷）にかかれている枠に積み木を置きましょう。同じ色の積み木の角と角はくっついてもよいですが、隣り合わせにはならないように並べましょう。

制作

※日時によって課題の内容は異なる。
机が3つ並べられ、その両端に1人ずつ座る。真ん中の机に卓上用のセロハンテープ1台、はさみ2本が用意されている。与えられたビニール（アームカバーのようなもの、シャワーキャップのようなものなど日時によって異なる）と別の机の上に用意された緩衝材、セロハン、モールの材料を使って好きなものを作る。

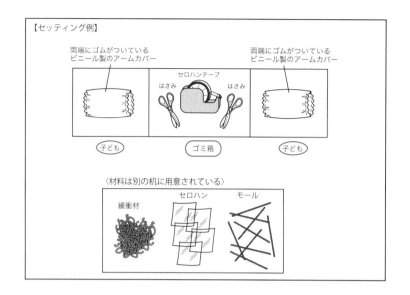

考査：2日目

集団テスト

3 行動観察（フープ通し）

5人1組のグループでお友達と手をつないで輪になり、手を離さないままでフープを順番に体に通す。1本目が通ったら2本目のフープも通していく。

4 行動観察（ジャンケン列車）

1人に1本のフープと鉢巻き（または手ぬぐい）が用意され、自分のフープに鉢巻きを結ぶ。「ゴーゴーゴーゴージャンケン列車、今度の相手はきーみーだ！」という歌を歌いながら相手を見つけてジャンケンをし、負けた人は勝った人の後ろにつく。そのとき勝った人の鉢巻きを負けた人のフープに結んで連結させる。

指示行動

1本のフープの中に2人が入り、あらかじめ用意されたコースを進んでいく。

行動観察

教室にあるフープを使って、好きなように線路（コース）を作る。しばらくしたらテスターから「好きに遊んでいいですよ」と声がかかる。

1

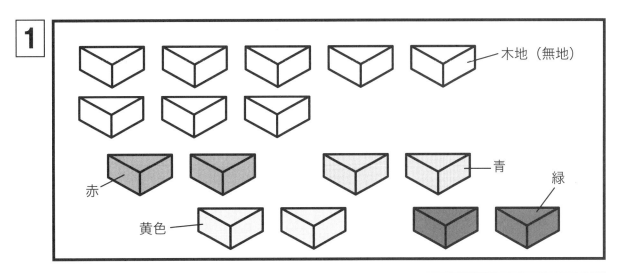

木地（無地）

赤　青　緑　黄色

A 〈例〉

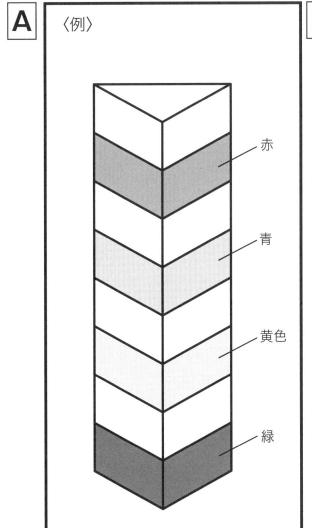

赤
青
黄色
緑

B 〈例〉

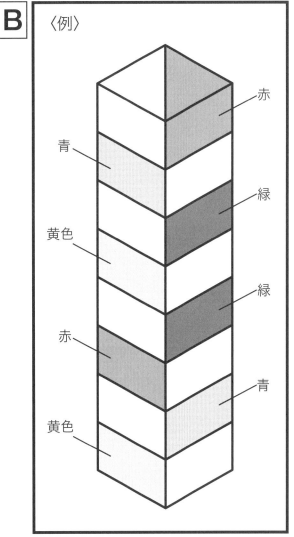

赤
青
緑
黄色
緑
赤
青
黄色

2014

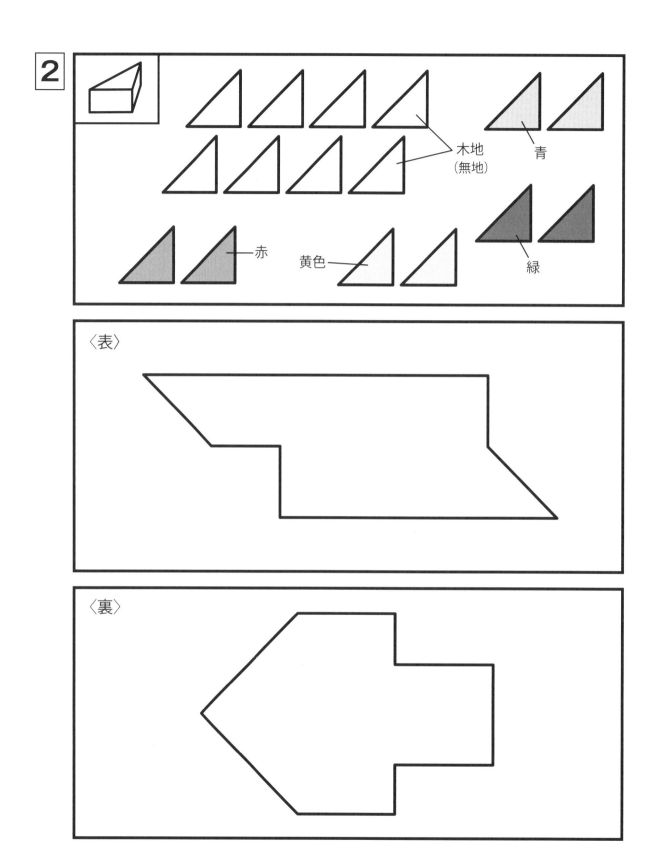

2

木地
（無地）

青

赤

黄色

緑

〈表〉

〈裏〉

2014

3

4

2013 桐朋学園小学校入試問題

■ 選抜方法

考査は2日間で、生年月日により指定された日時に集合し、両日とも約15人単位で集団テストを行う。所要時間は両日とも約1時間。

考査：1日目

┃ 集団テスト ┃

1 観察力・巧緻性

※グループによってお手本が異なる。

切り込みの入った丸、四角、六角形のプラスチックのシートがたくさん入っているトレーが用意されている。机の上にお手本が1つ置いてある。

・お手本と同じように作りましょう。

・（できたらお手本が2つ追加される）お手本と同じように作りましょう。

2 制作（エプロン・洋服作り）

※グループによって作るものは異なる。

2人ずつ、間に1つ挟んだ左右の机の上で行う。各自の机の上にひもが通してあり黒い線と青い線がかかれた不織布のような布、2人の間の机にはビニールひも、セロハンテープ、金色と銀色のテープが置いてある。教室後方には1ヵ所にまとめて毛糸、フェルト、はさみが用意され、エプロンまたは洋服の完成したお手本も置いてある。

・お手本のようにエプロン（または洋服）を作ります。布を線に沿って切り、後ろにあるいろいろな材料や、金色や銀色のテープを使って、飾りなども工夫しましょう。

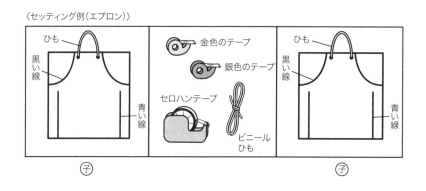

〈セッティング例（エプロン）〉

集団テスト

③ 行動観察（タワー作り）

さまざまな形のスポンジブロック、大きなサイコロ、ペットボトル、牛乳パック、じょうろなどがそれぞれたくさん床に散らばって置いてある。床には赤、水色、黄色、緑のパネルがある。

・床にあるものをチームごとに指示された色のパネルの上に高く積みましょう。一番高く積んだチームの勝ちです。

※3～5人1組のグループごとに、チーム戦を行う。1回行った後に、今度はチーム戦ではなく、好きな人と好きなところに積んでよいと指示がある。

〈約束〉

・床に置いてあるものは1回につき1つを取り、積む。

・積んだものが崩れたら、崩れたものは元に戻し、新たに積みなおす。

・床のものを取るときに、行き帰りは走らないこと。

④ 行動観察（ピクニックごっこ）

15人ぐらいのグループを、赤と青の2つのグループに分け、各チームと同じ色のシールの貼られたリュックサック（透明なビニール製）が各自に配られる。リュックサックの中にはおはしが入ったおはし箱と模擬の食べ物が入ったお弁当箱が入っている（お弁当箱の中身は一人ひとり異なる）。床にレインコート、紅白の帽子、ポケットティッシュ、水筒、タオルが入ったカゴが置いてある。

〈準備〉

・これからピクニックに行くので、ピクニックに必要だと思うものをカゴから取ってきてリュックサックに入れましょう。

・グループごとに、指示された場所に、背の低い人から順番に並びましょう。

・ではこれからピクニックに出かけましょう（一番後ろの人に大きなレジャーシートが渡され1列になって行進する）。

〈ピクニック〉

黒板には天気のよい山の絵が描かれた紙が貼ってある。行進している途中、天気の絵が変わる（雨など）。

・お天気がこのようになりました。必要だと思うものをリュックサックから出して身につけましょう。

・（また晴れの絵に戻り）お天気が変わったので身につけていたものをリュックサックの中にしまいましょう。

〈お弁当〉

・レジャーシートを敷き、お弁当の準備をしましょう。グループでお弁当の中身が全員同じになるようにお友達と交換しましょう（余ったものは指定された入れ物に入れるよう指示がある）。

・「いただきます」をして、お友達と楽しくお弁当を食べましょう。

〈片づけ〉

・「ごちそうさま」をしたら、お弁当の中身を言われた場所に片づけましょう。

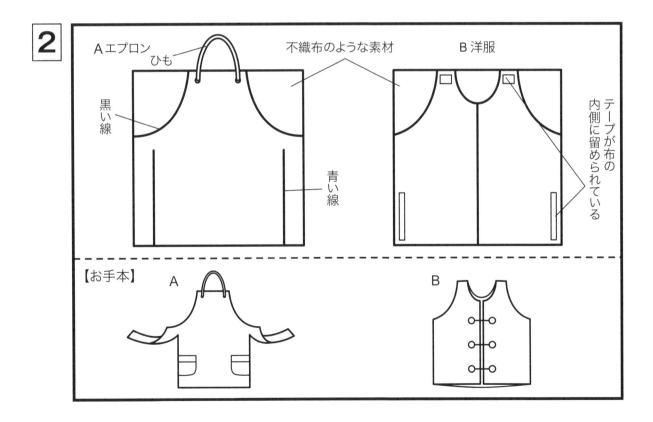

1

切り込み

プラスチックのシートが
たくさん入っているトレー

【お手本例】

2

Aエプロン
ひも
不織布のような素材
B洋服

黒い線

青い線

テープが布の内側に留められている

【お手本】　A　　　B

3

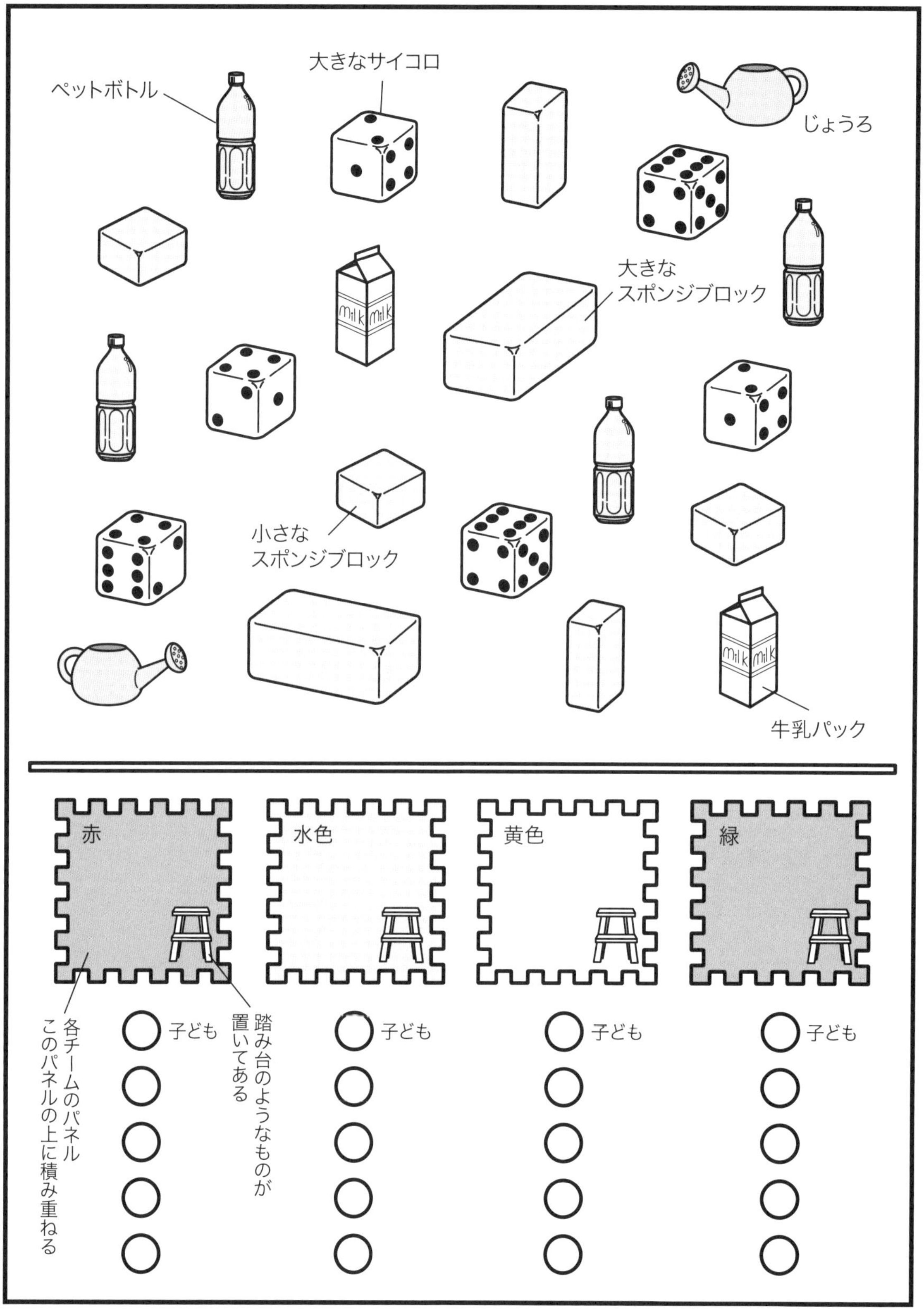

ペットボトル

大きなサイコロ

じょうろ

大きな
スポンジブロック

小さな
スポンジブロック

牛乳パック

| 赤 | 水色 | 黄色 | 緑 |

踏み台のようなものが置いてある

各チームのパネル
このパネルの上に積み重ねる

子ども

子ども

子ども

子ども

【ピクニックに必要なもの】 ※すべて複数入っている

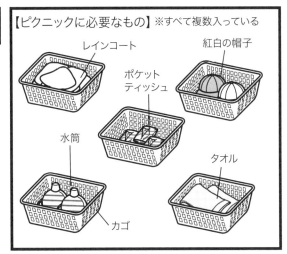

【お弁当箱に入っているものの例】

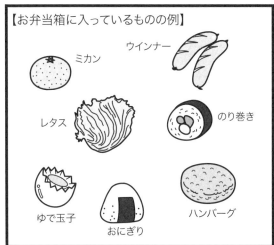

【黒板に貼ってある絵】

【下のいずれかの天気が示される】

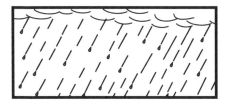

■ 選抜方法

考査は2日間で、生年月日により指定された日時に集合し、両日とも約15人単位で集団テストを行う。
所要時間は1日目は約1時間15分、2日目は約1時間30分。

考査：1日目

■ 集団テスト

1 観察力・思考力・巧緻性

※グループによってお手本は異なる。

各自の机の上にはお手本が入ったクリアフォルダ、もう1つ黒い台紙と二つ折りにしているろいろな線のかいてある色画用紙の入ったクリアフォルダ、はさみが置いてある。2色の色画用紙を使った単純なお手本でやり方を示された後、課題を行う（課題中、お手本のクリアフォルダを開けてのぞいてはいけない、と注意がある）。

・お手本と同じになるように色画用紙を選んで切って、それらを重ねてもう1つの黒い台紙の入ったクリアフォルダの中に入れましょう。

2 制作（砂絵・貼り絵）

2人ずつ、隣り合った机の上で行う。各自の机の上にのりとスプーン、砂の入った入れ物、のりのついた台紙、机と机の間に余った砂を入れるトレー、教室の後ろの大きな机の上にさまざまな色の紙が置いてある。テスターが砂の扱い方を示す。

・画用紙の形の上にはもうのりがついているので、スプーンで砂をかけて砂絵を作り、後ろから好きな色の紙を持ってきてちぎって貼り、何かに変身させましょう。

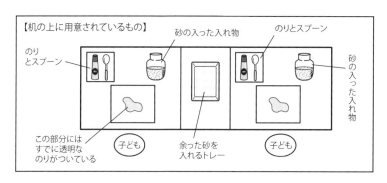

集団テスト

3 行動観察・生活習慣

部屋の中には棚や家具、遊具、洋服などが散らかった状態で置かれている。壁には上のようなお手本（写真）が貼られている。

・お友達と協力してお部屋の中を、壁に貼ってあるお手本のように片づけましょう。洋服や靴下はたたんでケースの中に入れましょう。

自由遊び

ロープ、マット（正方形の小さいもの）、軍手、サテン素材の布などの道具が用意してある。

・好きな道具を使ってお友達と遊びましょう。

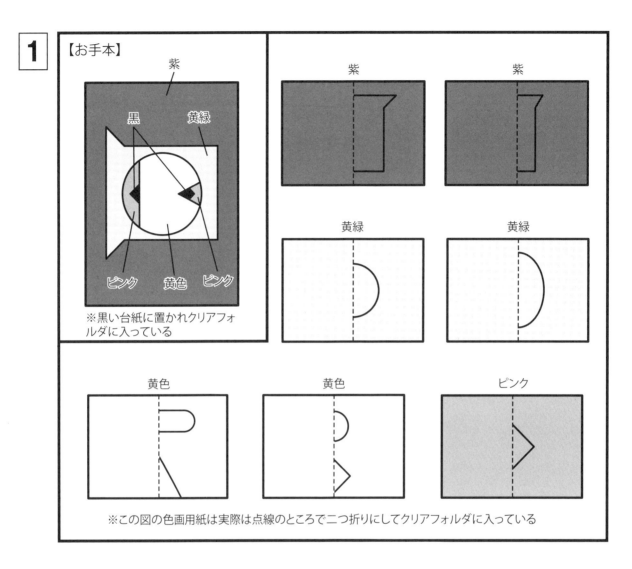

1 【お手本】

紫

黒　黄緑

ピンク　黄色　ピンク

※黒い台紙に置かれクリアフォルダに入っている

紫

紫

黄緑

黄緑

黄色

黄色

ピンク

※この図の色画用紙は実際は点線のところで二つ折りにしてクリアフォルダに入っている

2

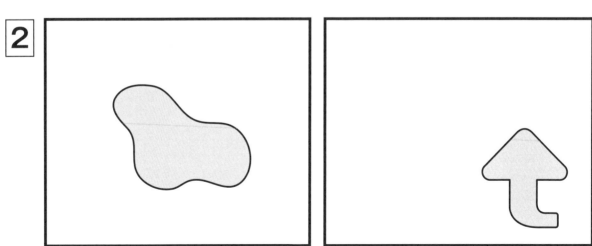

3 【お手本（写真）】

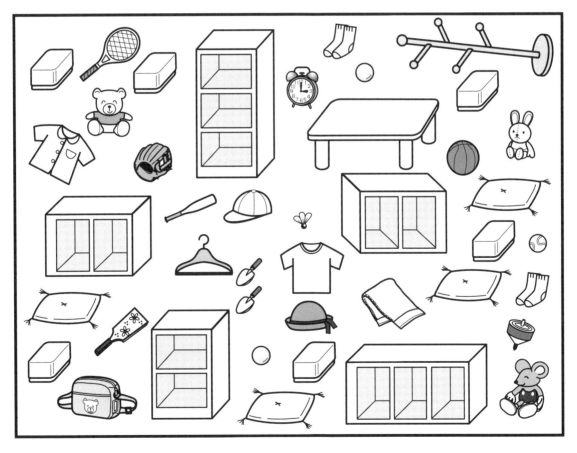

2012

2011 桐朋学園小学校入試問題

■ 選抜方法

考査は2日間で、両日とも約15人単位で集団テストを行う。所要時間は1日目は約1時間、2日目は約50分。

考査:1日目

┃ 集団テスト

1 観察力・巧緻性

※日時によって課題の内容は異なる。

各自の机の上にはボードのお手本と、2種類の色画用紙にひもを通したお手本(子どもによってひもの色が異なる)と穴の開いたボードが置いてあり、後ろの机の上には各色の画用紙、3色のひも、洗濯ばさみが置いてある。お手本を見て、同じものを作るのに必要な材料を後ろの机から取ってきて、お手本通りにひも通しをする。

・机の上のお手本と同じものを作るのに必要なものを取ってきましょう。ひもは何回取りに行ってもかまいません。

・お手本と同じように画用紙にひもを通しましょう。2枚ともできたら洗濯ばさみではさみ、お手本のように立てましょう。

2 制 作

各自の机の上に、黒い点のかいてある紙皿と紙コップ、セロハンテープ、はさみが置いてあり、材料のカラー段ボール紙、画用紙が後ろの机に置いてある。

※(最初にお手本を見せてくれる)紙皿、紙コップは指定されたところ以外は切ってはいけないと指示がある。

・紙皿にかいてある黒い点から黒い点をはさみで切ってください。切った部分を折りましょう。できたら、後ろにある材料を使って好きな物を作りましょう。

・紙コップにかいてある黒い点から黒い点をはさみで切ってください。切った部分を折りましょう。できたら、後ろにある材料を使って好きなものを作りましょう。

考査:2日目

集団テスト

自由遊び

ロープ、ペットボトル、手袋、段ボール箱、手ぬぐい、新聞紙が床に用意してある。
・好きな道具を使ってお友達と遊びましょう。

③ 行動観察（お食事会ごっこ）・生活習慣

黄色と赤の2つのチームに分かれてお食事会ごっこをする。それぞれ相手チームの食事の準備をする。初めにチームの色のエプロンを渡される。
・（テスターがエプロンのつけ方のお手本を見せる）今見た通りにエプロンをつけましょう。エプロンの余ったひもはエプロンの真ん中のポケットに入れましょう。

各チームに机が2つずつ用意されており、1つには1枚のテーブルクロス、もう1つには各チームの人数分のお皿が置いてある。部屋の隅にはいすが並べてある。
・テーブルクロスを机にかけ、お皿の数だけいすを並べましょう。

部屋の真ん中の机の上には模擬のオムライス、海老フライ、ハンバーグ、サンドイッチ、のり巻き、フライドポテト、レタス、キャベツ、サクランボ、メロン、イチゴ、オレンジ、パイナップルなどがビュッフェ形式に並べてある。それぞれの料理のお皿の横にトングもある。また、紙パックのリンゴジュース、オレンジジュース、牛乳、プラスチックの取っ手つきコップ、フォーク、スプーンも置いてある。
・お皿にお料理をのせてあげましょう。終わりの合図で席に着き、「いただきます」のあいさつを、そしてごちそうをいただいたら、「ごちそうさま」のあいさつをみんなで一緒にしましょう。

その後に片づけをして、すべて元の場所に戻す。
・テーブルクロスはたたみ、机の上に置きましょう。
・（テスターがエプロンのたたみ方のお手本を見せる）今見た通りにエプロンをたたみ、机の上に置きましょう。

【お手本①】

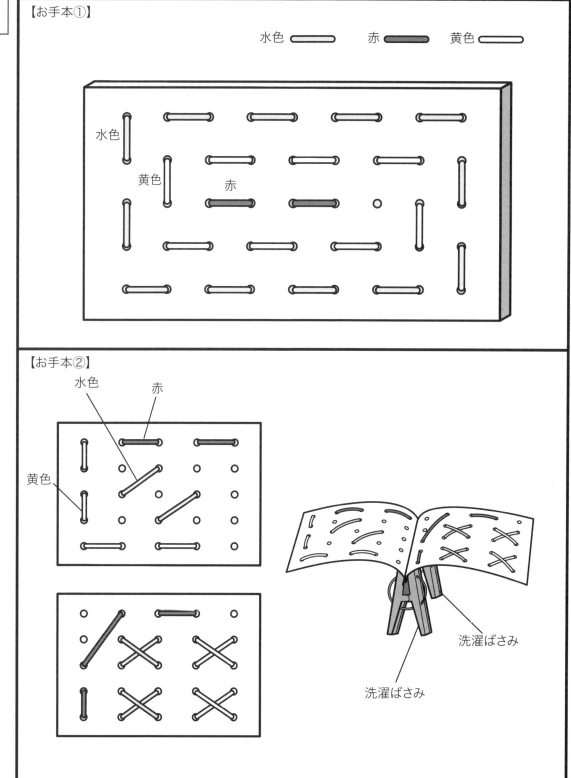

【お手本②】

2011

2

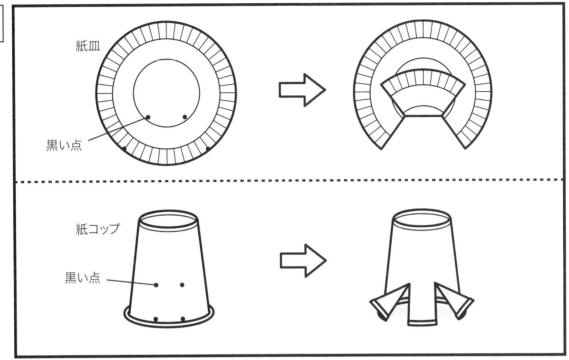

紙皿

黒い点

紙コップ

黒い点

3

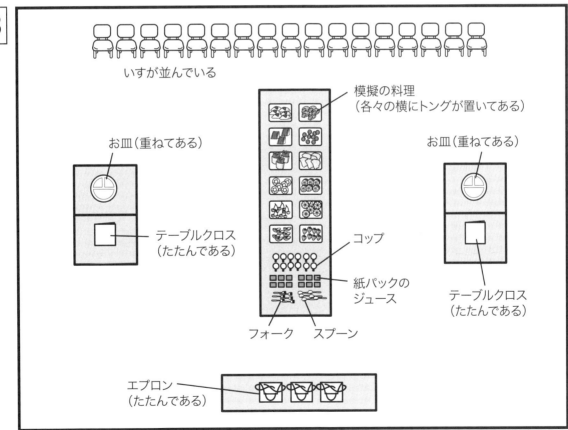

いすが並んでいる

お皿（重ねてある）

模擬の料理
（各々の横にトングが置いてある）

テーブルクロス
（たたんである）

お皿（重ねてある）

コップ

紙パックの
ジュース

テーブルクロス
（たたんである）

フォーク　　スプーン

エプロン
（たたんである）

2010 桐朋学園小学校入試問題

選抜方法

考査は2日間で、両日とも約15人単位で集団テストを行う。所要時間は1日目は約1時間、2日目は約50分。

考査：1日目

集団テスト

巧緻性

粘土の塊（緑または黄色、ピンク）が1つ用意されている。

・粘土を3つに分けて丸めましょう。できるだけ同じ大きさにしましょう。

1 位置・記憶

一人ひとりの机の上に大きな金属製の枠（7×7のマス目で、中央3×3のところに赤いラインが引いてある）が用意されている。巧緻性の課題で作った粘土の玉を使用する。（上のお手本を1つずつ15秒間見せた後、隠す）

・下のマス目で今見たお手本と同じ場所に自分で作った玉を置きましょう。

2 推理・思考

1で使った枠と玉、机の中に入っている緑、黄色、ピンクの複数の玉を使用する。各自にお手本が配られる。

・枠を裏返し（赤いラインがなくなる）、机の中から玉の入った箱を出しましょう。お手本はヒマワリのマークを上にしてください（2日目は星のマークが上になる）。まずお手本と同じになるように玉を置きましょう。同じ列の空いているところには何が入るとよいか考えて、そこにも置きましょう。

・次のお手本です。ヒマワリのマークを上にしてください（2日目は星のマークが上になる）。お手本と同じになるように玉を置きましょう。同じ列の空いているところには何が入るとよいか考えて、そこにも置きましょう。

3 巧緻性・絵画（創造画）

台紙、画用紙、クーピーペン、スティックのり、はさみが用意されている。台紙の表は青

で、線がかかれている。裏はオレンジ色のしま模様になっている（2日目は表がオレンジ色、裏は水色のまだら模様）。

・青を表にしましょう。線の通りにはさみで切りましょう。

・切ったものを組み合わせて好きなものを作り、白い画用紙にスティックのりで貼りましょう。裏表どちらを使ってもよいです。

・クーピーペンで周りに描き足し、何かわかる絵にしましょう。

考査：2日目

集団テスト

4 行動観察（集団ゲーム）

黄色いうちわを持ったチームと、緑のうちわを持ったチームに分かれる。紙風船をうちわで運ぶゲームを行う。スタート地点に青いラインが引いてあり、カゴには紙風船がたくさん入っている。ゴール地点には空のカゴがある。部屋の両脇に白いラインが引いてあり、ラインの内側には赤い枠のいろいろな形が5つかいてある。

・黄色チームの人はうちわの上に紙風船を載せ、青いスタートのラインから落とさないようにゴールのカゴまで運びましょう。紙風船が床に落ちたら拾って、両脇の白いラインの外側を通って青いラインまで戻り、またスタートから始めましょう。

・緑チームの人たちは好きな形の中に入り、黄色チームが運んでいる紙風船をうちわであおいで落としましょう。赤い枠から出てはいけません。

・黄色チームも緑チームも、紙風船は手や体で押さえてはいけません。

・2回目は黄色チームと緑チームが交替してやりましょう（テスターの指示で何名かずつメンバーを交替し、さらに2回行う）。

・最後に、みんなで協力し合ってうちわのあおぐ部分を重ね合わせて紙風船を運びましょう。何人で運んでもよいですよ。

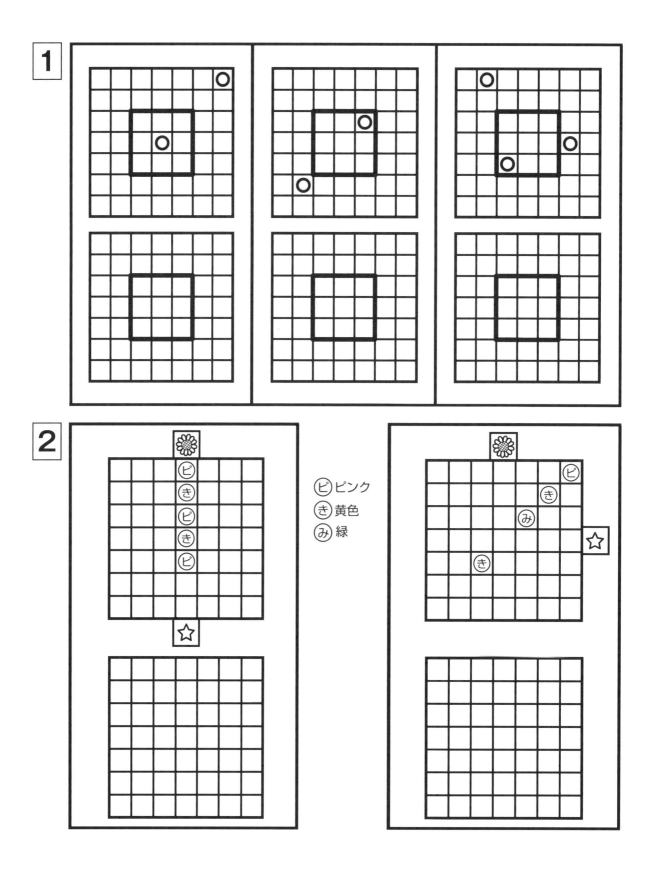

き 黄色

み 緑

ピ ピンク

3

台紙（表）

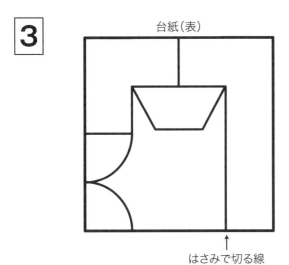

↑
はさみで切る線

台紙（裏）

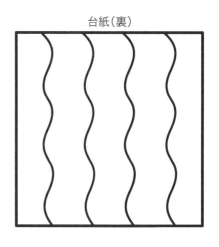

4

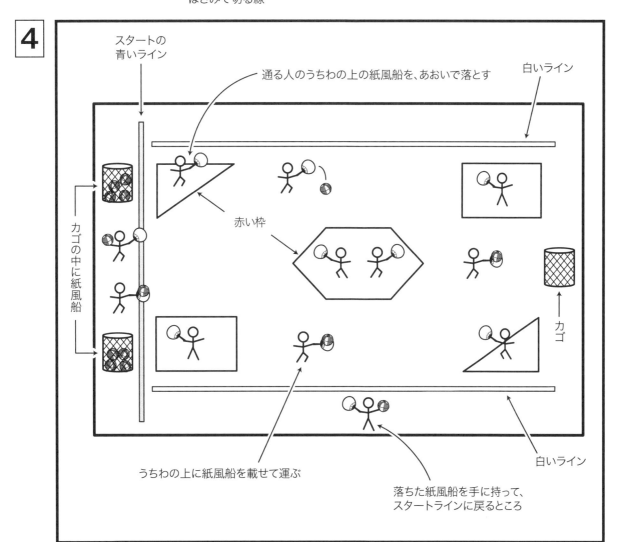

スタートの
青いライン

通る人のうちわの上の紙風船を、あおいで落とす

白いライン

カゴの中に紙風船

赤い枠

カゴ

白いライン

うちわの上に紙風船を載せて運ぶ

落ちた紙風船を手に持って、
スタートラインに戻るところ

2010

2009　桐朋学園小学校入試問題

■ 選抜方法

考査は2日間で、両日とも約15人単位で集団テストを行う。所要時間は1日目は約1時間30分、2日目は約1時間。

▍ 集団テスト ▍

1 巧緻性・構成（ネックレス作り）

上の絵のような2色に色分けされた折り紙が、1人1枚ずつ配られる（色の組み合わせは各種ある）。

・指示通り、四角の折り紙を半分に2回折ったら広げましょう。

・広げた折り紙を折り線に沿って手でちぎり、4枚に切り分けましょう。

・台紙の上で3種類のお手本を見ながら並べてみましょう。

・もう1枚折り紙が配られたら、同じやり方で4枚にちぎって、合わせて8枚にしましょう。

・さまざまな色の折り紙が集まるように、お友達と折り紙を交換しましょう。

・8枚の折り紙をスティックのりで貼り合わせ、両端に紙テープをつけてネックレスにしましょう（折り紙の模様の向きの指示はない）。

◢ 制作（自由制作）

6、7人のグループが一緒のコーナーで制作する（内側が白で外側が水色の紙袋、セロハンテープ、はさみが1人1つずつ与えられ、ほかにいろいろな色のついた15cm四方の段ボール紙やフェルト布が用意されている）。

・紙袋を裏返して、何か好きなものに変身させましょう。材料は使いたいものを自分で取ってきてください。

・できあがった作品を持って、グループごとにコーナーの中に入りましょう（テスターがおもちゃのカメラで記念写真を撮るまねをする）。

考査：2日目

集団テスト

2 行動観察（集団ゲーム）

ポンポン当てドンジャンケンゲームを行う。床に大きな円がかいてあり、両側に各チームの陣地（スタート場所）がある。スタート地点に、2つの小さな円と進む方向の矢印、整列場所の長方形のラインがかかれている。また、各チームの帽子の入ったカゴ、帽子を留めるコーナーがある（帽子はひもでつるされた洗濯ばさみで留める）。

・赤と青の2チームに分かれ、それぞれの色の帽子をかぶりましょう。

・赤と青のどちらかのチームは、全員が手のひらに収まる大きさの小さなポンポンを持ちましょう。片方のチームは何も持ちません。

・各チーム2人が小さな円の中に1人ずつ入り、スタートの合図でそれぞれの矢印の向きに走っていきましょう。次にスタートする2人が小さな円の中で待ち、そのほかの子は長四角の中に並んで待ちます。

・相手チームの子と出会ったら、ポンポンを持っているチームの子は、後ろで左右どちらかの手にポンポンを隠し、胸の前で手をぐるぐる回しながら、「ぐるぐる、どっち？」と言い、握った両手を前に突き出しましょう。ポンポンを持っていないチームの子は、どちらの手に入っているかを当ててください。

・ポンポンを持っているチームで当てられてしまった子は、円のラインの外側を通って自分の陣地に戻り、列の後ろに並びます。当てられなかった子は、そのまま進み、次に出会った子と同じように対戦しましょう。

・ポンポンを持っていないチームの子は、当てたらそのまま進み、当てることができなかったら陣地に戻りましょう。

・勝ち進んで相手チームの陣地までやって来たら、かぶっていた帽子を、つるしてある洗濯ばさみで留め、自分の陣地に戻りましょう。カゴから新しい帽子を取り出してかぶり、列の後ろに並びます。

・「やめ」の合図までゲームを続けましょう。その後、ポンポンを持つチームを交替し、再度行ってください（矢印の向きに走っていく指示をケンケンに変えて同じようにゲームを行う）。つるされた帽子の数が多いチームの勝ちです。

1

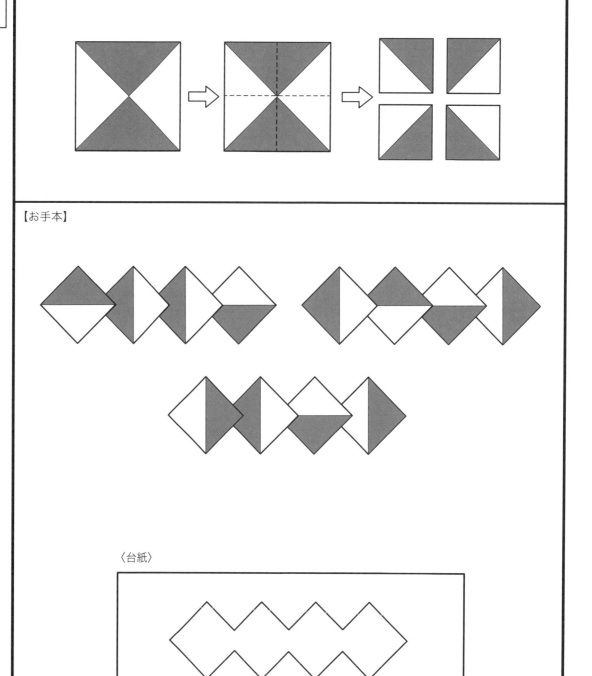

【お手本】

〈台紙〉

2

桐朋学園小学校
入試シミュレーション

桐朋学園小学校入試シミュレーション

1 構成・思考力

カードを8枚に切って使用する。

・お手本と同じになるようにカードを並べましょう。

2 巧緻性・推理・思考

スティックのり、はさみを用意する。AとBに切り分けて使用する。

・Aを点線で折り、線の通りに切って枠を作りましょう。

・Bを線の通りに切って、3つの四角に分けましょう。3つそれぞれを点線で折り、線の通りに切って丸、三角、ひし形を作りましょう。

・丸、三角、ひし形を先に作った枠の中に入れて、お手本（C）と同じものを作りましょう。

・できたら、バラバラにならないように必要なところにのりをつけて貼りましょう。

3 巧緻性・推理・思考

おはじき5個、綴じひも2本を使用する。カードを線の通りに切って点線で内側に折り、黒丸の部分に穴開けパンチで穴を開けておく。

・ひもやおはじきを使って、お手本と同じように作りましょう。

制 作

新聞紙、セロハンテープ、はさみを使用する。ほかに色画用紙、折り紙、モール、ひも、スティックのりなどを用意する。

・新聞紙を開いて、真ん中の折り線の通りに切って2枚にしましょう。1枚だけをもう一度半分に折り、折り線の通りに切ってください。切ってできた3枚の新聞紙を細く丸めて棒状にし、セロハンテープで留めましょう。3本が違う長さになるように工夫してください。

・できた3本の棒と、用意されているいろいろな材料を使って、何か好きなものを作りましょう。

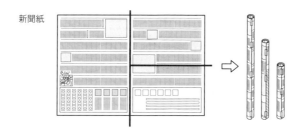

🔖 制　作

紙皿、はさみを使用する。ほかに色画用紙、折り紙、モール、ひも、セロハンテープ、スティックのりなどを用意する。

・お手本のように、紙皿に切り込みを入れて折りましょう。

・できたものといろいろな材料を使って、何か好きなものを作りましょう。

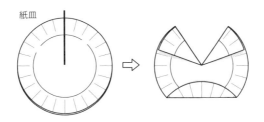

🔖 行動観察（カード合わせ）

厚めの紙（Ａ４判の１／４くらいの大きさ）、クーピーペン、シール（赤、青、黄色）、おはじきを使用する。

・２人組になって何を描くか相談し、同じものをそれぞれ紙に描いて絵カードにしましょう。描いたら、絵のある表側にはそれぞれ同じ色のシールを１枚貼ってください。同じようにして何枚か作りましょう。できたら、絵カードを床に裏返して置き、トランプの神経衰弱の要領で、順番に２枚ずつ表に返していきましょう。同じ絵のときは２枚とももらえますが、違っていたら２枚とも裏返しにして次の人に交替します。床のカードがなくなるまでやりましょう。最後に、集めたカードについているシールが赤ならおはじきを３つ、青なら２つ、黄色なら１つもらえます。全部でいくつおはじきをもらえたか数えましょう。

2

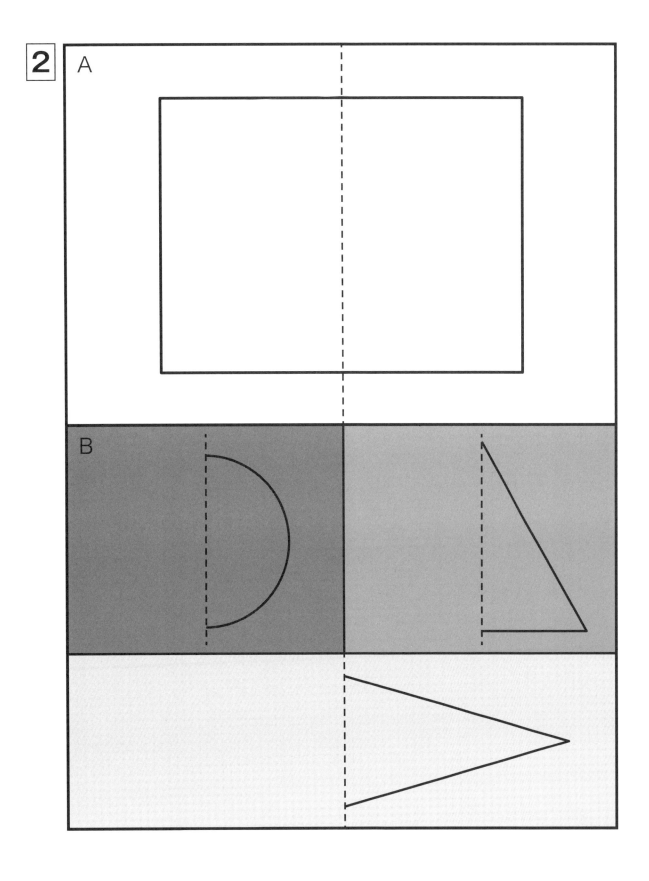

C

【お手本】

3 【カード】

【お手本】

［過去問］ 2024

桐朋学園小学校入試問題集

解答例

✱ 解答例の注意

この解答例集では、集団テストの中にある□数字がついた問題、入試シミュレーションの解答例を掲載しています。それ以外の問題の解答はすべて省略していますので、それぞれのご家庭でお考えください。
（一部□数字がついた問題の解答例の省略もあります）

入試シミュレーションの
解答例もあります！

Shinga-kai

1

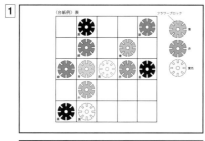

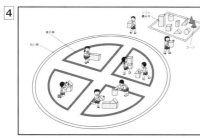

2

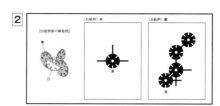

3

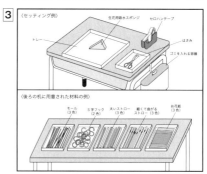

4

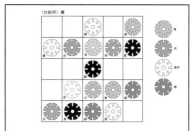

5

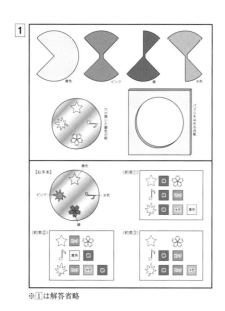

1

2

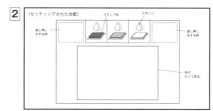

3

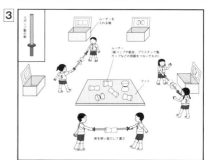

※ 1 は解答省略

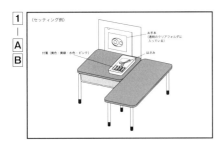

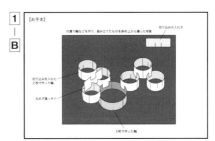

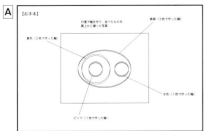

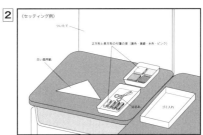

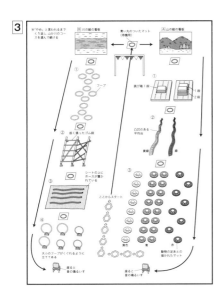

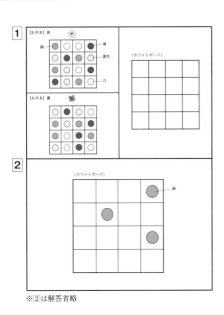

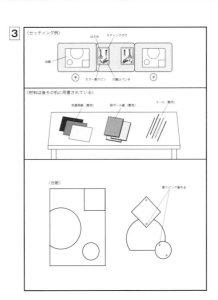

※ 2 は解答省略

4 　**5**

6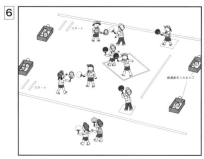

1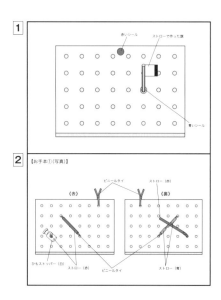

2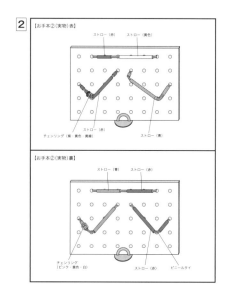

3

4

5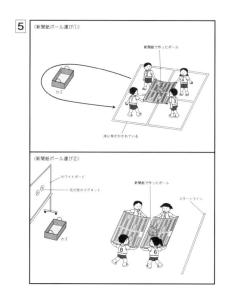

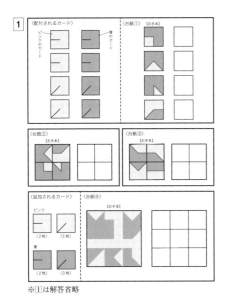

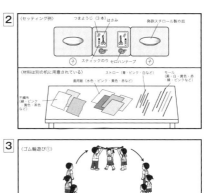

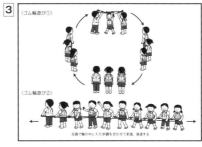

※ 1 は解答省略

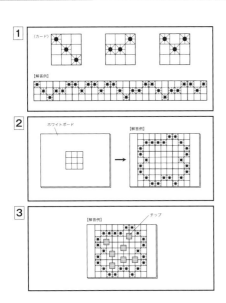

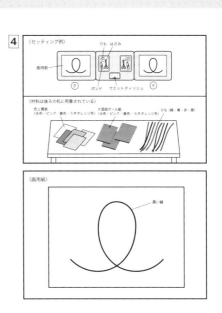

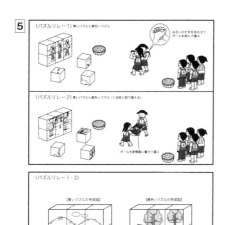

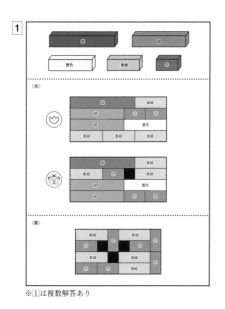

※ 1 は複数解答あり

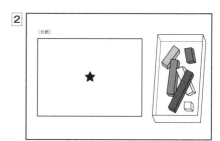

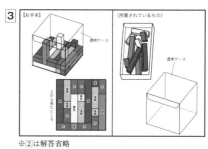

※ 2 は解答省略

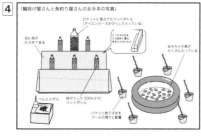

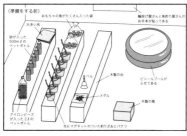

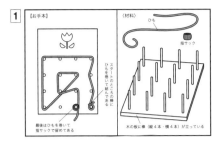

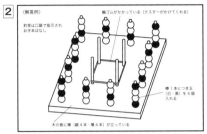

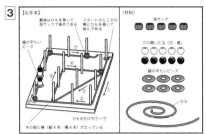

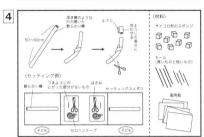

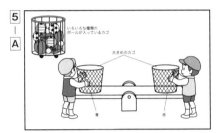

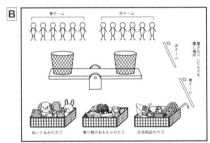

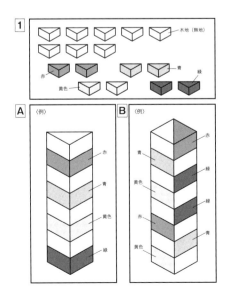

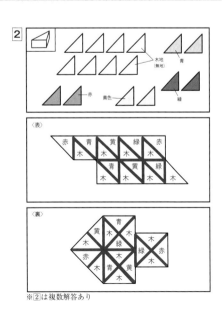

※ ２ は複数解答あり

3

4

1

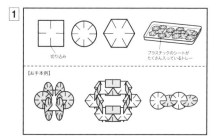

切り込み

プラスチックのシートが
たくさん入っているトレー

【お手本例】

2

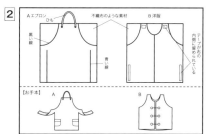

Aエプロン　　　ひも　　不織布のような素材　　B洋服

黒い線

青い線

テープが布の内側に縫められている

【お手本】　　A　　　　　　　　B

3

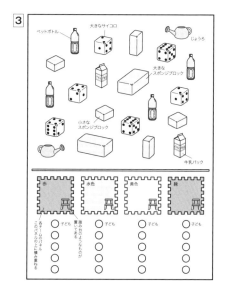

ペットボトル　　大きなサイコロ　　　　じょうろ

大きな
スポンジブロック

小さな
スポンジブロック

牛乳パック

赤　　水色　　黄色　　緑

子ども　　子ども　　子ども　　子ども

各チームのパネル
混み台のようなものが
置いてある
このパネルの上に積み重ねる

4

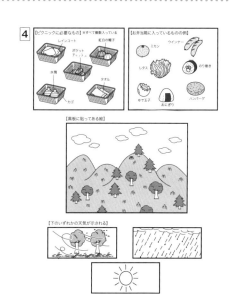

【ピクニックに必要なもの】※すべて複数入っている

レインコート　　紅白の帽子

ポケット
ティッシュ

水筒　　　タオル

カゴ

【お弁当箱に入っているものの例】

ミカン　　ウインナー

レタス　　のり巻き

ゆで玉子　おにぎり　ハンバーグ

【黒板に貼ってある絵】

【下のいずれかの天気が示される】

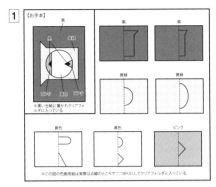

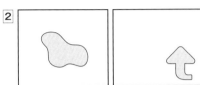

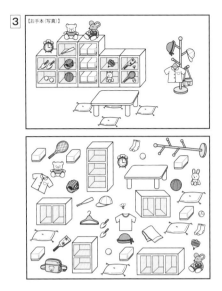

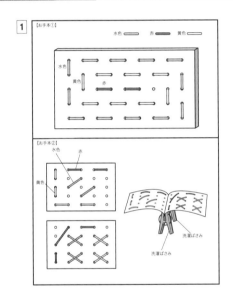

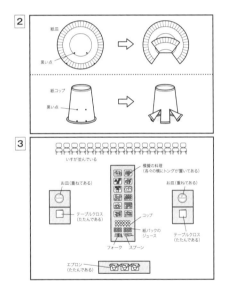

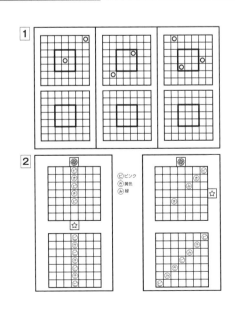

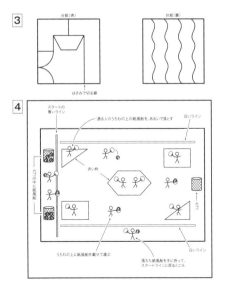

1
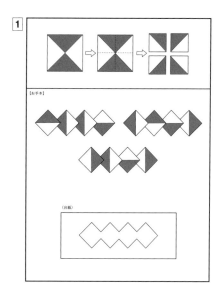

2

1 【カード】

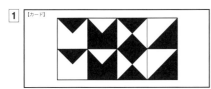

【お手本】

2 A

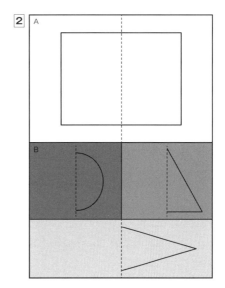

B

2 C

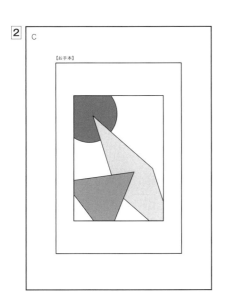

【お手本】

3 【カード】

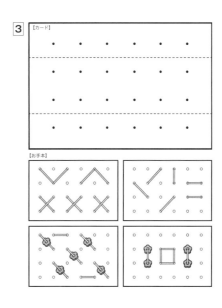

【お手本】

Shinga-kai